열일곱 살의 인생론

열일곱 살의 인생론

성장을 위한 철학 에세이

안광복 지음

개정
증보판

사┌┐계절

열일곱 살의 인생론을 새로이 열며

"멋있어 보이려 하지 않기. 솔직하기. 상처는 있는 그대로 내 보이기."

　전문 상담 교사로 훈련받을 때 계속 들었던 조언이다. 진단이 빠르고 정확할수록 치료 효과도 좋다. 치유 시간 역시 훨씬 줄어들 테다. 그러니 마음의 아픔을 솔직하게, 있는 그대로 상담자에게 드러내라. 물론, 상담자도 도움이 필요한 분에게 진솔해야 한다. 전문가인 척, 있어 보이려 해서는 안된다. 자신 또한 일상에서 끊임없이 상처받으며 고민하고 있음을 기억하고 공감과 지지를 해 주라. 이럴 때 상대는 힘을 얻어 스스로 해법을 찾아 나선다. 상대방의 고민은 결코 상담자가 풀어 주지 못한다. 상대가 스스로 해법을 찾아내야 한다.

『열일곱 살의 인생론』 초판은 2010년에 나왔다. 그 후로 이 책은 열아홉 번의 쇄를 찍으며 지금까지 꾸준히 사랑받고 있다. 이토록 오랫동안 독자들의 선택을 받을 수 있었던 까닭은 무엇일까? 아마도 이유는 '솔직함'에 있을 듯싶다. 책에는 나의 10대 때 고민이 적나라하게 펼쳐져 있다. 있는 그대로 상처와 아픔을 드러내야 치유도 빠르고 제대로 이루어지는 법, 하지만 이를 위해서는 용기가 필요하다. 교실에 서야 하는 교사로, 이미 이름난 철학 필자로, 대중 앞에 자기 민낯을 드러내기란 쉽지 않았다. 그러나 10대에 받았던 상처는 때마다, 상황마다 마음 깊은 곳에서 불끈거렸다. 결국, 나 스스로 과거의 내 아픔을 제대로 바라보며 혜안을 찾아야 했다. 그래야 비로소 나는 과거에서 벗어나게 될 테다.

『열일곱 살의 인생론』을 쓰는 일은 내 상처를 낱낱이 드러내고 고민하며 지혜를 찾고 해법을 얻는 과정이었다. 돈, 사랑, 열등감, 증오와 용서……. 주제를 하나씩 매듭지을 때마다 나는 편하고 깊게 잠들곤 했다. 마음에 박힌 유리 조각 같은 상처를 빼기는 무척 힘들지만 꼭 해야 하는 일이다. 나는 마침내 내려놓음과 평온함을 얻었다.

누군가를 설득할 때 가장 먼저 납득시켜야 할 사람은 자기 자신이다. 책에서 이루어지는 나의 작업도 다르지 않다.

다루는 주제들은 10대 때 대부분 겪는 '성장 과업'이다. 마땅히 겪어야 할 아픔과 고통이라는 의미다. 의미와 가치를 제대로 찾을 때 상처는 성장통(痛)으로 거듭난다. 그렇지 못할 때 아픔은 트라우마와 콤플렉스로 굳어지곤 한다. 내가 했던 노력은 옛 상처에서 의미를 찾으며, 성장으로 나아가야 할 길을 열어 주는 일이었다. 철학의 지혜로 내 문제에 대해 스스로 탐색했던 작업이 10대들에게, 그리고 마찬가지로 오랫동안 상처를 품고 살았을 성인들에게 울림이 크게 다가갔던 까닭은 여기에도 있을 듯싶다.

이제 20쇄에 맞추어 『열일곱 살의 인생론』 개정증보판을 새롭게 세상에 내보낸다. 나아진 우리 사회의 인권과 성(性) 인지 감수성 등에 맞추어 각 장의 내용과 표현을 조금씩 손보았다. 그동안 큰 지적은 없었지만, 이는 사회가 더 나아가기 위해 당연히 해야 하는 일이다. 그리고 '갈등' 주제를 새롭게 추가했다. 나도, 지금의 10대들도 사람 사이를 가꾸는 일은 버겁고 어렵기 때문이다.

개정증보판 작업은 사계절출판사 편집부 홍보람 선생님과 함께했다. 젊고 생각이 깊으며 따뜻한 이해심을 갖춘 분이다. 함께하는 과정 내내 힐링을 받는 기분이었다. 부족한 필자를 잘 이끌어 주셔서 감사하다. 올해 우리 학교에 부임하신 위클래스 유지영 선생님께도 고마움을 전하고 싶다.

건강하고 균형 잡힌 영혼을 갖춘 분으로, 유능한 전문 상담사답게 학생들과 선생님들의 마음을 잘 보듬고 헤아려 주셨다. 나 또한 선생님께 도움을 크게 받았다.

　초판이 나온 후 10여 년 동안 개인적으로도 많은 일들이 있었다. 영원히 함께하실 듯했던 아버지가 소천(召天)하셨고, 항상 품 안의 자식일 듯싶었던 두 아이는 멋진 청년으로 잘 자라났다. 자연의 흐름처럼 모든 것은 흘러갈 뿐이다. 고통도, 기쁨도 담담하게 대하는 것이 좋은 삶임을 이제는 안다. 내 삶을 사랑으로 채워 주시는 어머니께, 그리고 든든한 지지자인 아내에게 이 책을 바친다.

2023년 가을

안광복

열일곱 살의 인생론을 열며

2009년 가을, 나는 청소년을 위한 열두 번의 철학 강의를 부탁받았다. 어렵고 힘든 학생들을 위한 인문학 프로그램이라나. 흔쾌하게 맡겠다고 하고 전화를 끊었다. 하지만 이 강좌는 나에게 끔찍한 지옥이 되고 말았다.

강의가 있는 화요일이면 나는 머리가 쪼개질 듯 아팠다. 수업은 '최악'이라는 표현으로도 모자랄 정도였다. 아이들의 행동 하나하나, 말 한마디 한마디는 내 가슴을 불끈거리게 했다. 친근하게 학생들에게 다가가면, "이런 거 왜 해요? 정말 재수 없어"라는 말이 돌아왔다. 지적을 하면, "왜 나만 갖고 그러는데요?"라며 눈을 치켜떴다.

수업을 하건 말건 자기네들끼리 시끄러운 수다가 끊이지

않았다. 게다가 거친 욕설이 난무하는 너저분한 교실, 소외된 친구들의 어두운 얼굴과 의자를 툭툭 차는 사나운 눈매의 아이들까지. 산전수전 다 겪은 14년 차 교사인 나에게도 이런 '지옥'은 처음이었다. 한숨이 절로 나왔다. 아아, 신이시여. 나에게 왜 이런 시련을 주시는 겁니까?

다섯 번째 시간, 나는 마침내 폭발해 버렸다. "이런 쓰레기 같은 놈들, 해도 해도 너희 같은 것들은 처음 본다!" 나는 미친 듯이 소리를 질렀다. 분위기는 이내 썰렁해졌다.

그날 밤 나는 악몽을 꾸었다. 교복을 입은 내 모습이 보였다. 나는 일그러진 표정으로 말을 뱉었다.

"이런 쓰레기 같은 놈들, 해도 해도 너희 같은 것들은 처음 본다!"

나는 한참 동안이나 자리에서 일어나지 못했다. 너무 가슴이 아팠다. 이 말은 나에게 낯설지 않았다. 막막한 느낌, 가슴을 태우는 분노까지도 아주 익숙했다. 이 말은 고등학교 시절에 내가 아이들에게 외치고 싶던 바로 그 말이었으니까.

고등학교 시절, 나는 거친 아이들이 무서웠다. 어떻게 해도 열등감은 가실 날이 없었다. 경쟁은 늘 버거웠고, 미래는 나를 주눅 들게 했다. 집 안에도 편안함은 없었다. 일상에 짓눌린 중년의 부모님, 그리고 10대 형제들 사이에 있게 마련인 크고 작은 여러 갈등들.

행복이 없는 생활, 신경은 늘 곤두섰고 세상은 짜증으로 가득했다. 힘만 셌다면, 돈만 많다면, 저 '쓰레기'들을 짓밟아 버릴 텐데. 공부를 잘한다면, 키가 크다면, 저 잘난 척하는 '쓰레기'들을 짓이겨 줄 텐데. 내가 수없이 되뇌던 바람이다. 누가 그때 열일곱 살 나를 건드렸다면 나도 똑같이 대꾸하지 않았을까? "왜 나만 갖고 그래요?"라고.

나는 한 번도 열일곱 살에 닥쳤던 문제들을 이겨 낸 적이 없었다. 풀리지 않은 고민은 거듭해서 떠오르게 마련이다. 아이들을 보며 힘들어 하는 나는 마흔 살의 교사가 아니었다. 마음속에 여전히 머물러 있는 열일곱 살의 아이였다. 나는 선생이 아니라, 기억 속 열일곱 살 학생으로서 아이들을 만나고 힘들어 했던 거다.

고등학교 시절, 나는 고민을 함께 나눌 누군가를 간절히 바랐다. 하지만 주변에는 도움을 줄 만한 사람이 없었다. 누구나 나이가 들면 그렇듯, 나 역시 세련되게 고민을 감추는 법을 익혔다. 상처 입은 열일곱 살의 나는 그렇게 기억 깊은 곳에 파묻혀 버렸다.

다음 수업 시간에 나는 더 이상 혼자가 아니었다. 성숙한 마흔 살인 내가 열일곱 살 나를 보듬고 있었으니까. 마흔 살 나는 열일곱 살 나를 다독였다. "너는 이제 혼자가 아니야.

너의 두려움을 나와 함께 풀어 가자."

그 후 계속된 여섯 번의 수업은 이전과 완전히 달랐다. 나는 비로소 아이들의 진짜 영혼을 보았다. 왜 너만 갖고 그러냐고? 너는 사실 "왜 내 마음을 알아주지 못해요?"라고 말하고 싶은 거구나. 가정 형편이 너를 너무 힘들게 하지? 상소리가 저절로 튀어나올 만큼 말이야. 불안한 마음을 다잡지 못해 밤새 게임을 했구나? 자신에게 화가 많이 났을 거야. 너를 바라보는 내 마음도 많이 아프구나.

열일곱 살의 나는 마흔 살의 나를 위해 학생들의 속내를 하나씩 하나씩 짚어 주었다. 분노, 좌절, 굴욕감, 열등감, 수치심 등등. 열일곱 살의 아픔을 마흔 살의 내가 정성껏 보듬었다. 학생들의 표정이 풀어질 때마다 열일곱 살의 나도 편안해졌다. 나에게 철학 수업은 아이들을, 열일곱 살의 나를 이해하고 받아들이는 시간이었다.

이 글을 쓰는 지금, 나는 마지막 강의를 앞두고 있다. "수업이 끝나서 아쉬워요." "너무 재미있었어요. 계속해 주세요." 지난주 강의 때 아이들이 내게 건넸던 말이다. 지옥이었던 강의는 어느덧 축복으로 바뀌었다. 짓눌려 있던 열일곱 살 나를 해방시켜 준 아이들에게 뭐라고 고마움을 전해야 할까.

우리 인생 단계마다 딛고 넘어야 할 성장 과업들이 있다.

이 책에는 열일곱 살에 품어 봄 직한 철학 물음들을 담았다. 가족, 우정, 사랑, 미래, 죽음 등 청소년들이 버거워 하는 문제들은 소크라테스가 살았던 2500년 전이나 지금이나 다르지 않다. 철학자들의 문제은행에는 성장통을 넘어서는 데 도움을 주는 지혜가 가득하다.

철학적인 성찰은 영혼을 크고 단단하게 만든다. 철학 물음들과 씨름해 본 청소년은 대책 없이 질풍노도의 시기에 휩쓸리지 않을 테다. 또한 청소년 시절의 아픔을 여전히 뛰어넘지 못한 어른이라면, 이 책의 철학 물음으로 다시 한번 자신의 10대와 '직면'해 보라고 권하고 싶다. 아무쪼록 이 책에 담긴 열다섯 가지 철학 물음이 독자의 영혼을 맑고 깊게 틔워 주었으면 좋겠다.

2009년 겨울

안광복

이 책에는 고마운 인연들이 가득 담겨 있다. 이 책은 『고교 독서평설』(지학사)에 연재했던 '생각을 틔우는 철학 물음'을 기본 원고로 삼았다. 이번에도 윤소현 편집장이 내 글을 맡았다. 10년을 함께한 세월, 그이의 손길을 거친 내 책만 벌써 다섯 번째이다. 포숙아(鮑叔牙, ? ~ ?)를 만난 관중(管仲, ? ~ 기원전 645)도 나만큼 행운아는 아니었으리라.

책으로 세 번이나 인연을 맺은 사계절출판사의 정은숙 팀장, 그리고 편안하게 원고 작업을 하도록 배려해 준 서상일 편집자에게도 감사의 마음을 전한다.

원고의 중심 얼개인 '철학 물음'은 출판 평론가 이권우 선생님이 주신 아이디어다. 한마디 조언이 1만 시간의 집필만큼이나 중요한 경우가 있다. 이 책이 바로 그랬다.

책머리에 언급한 청소년 인문 강좌는 'SK 1318 해피존 광진 세움터 지역아동센터'에서 이루어졌다. 나는 그곳의 학생들처럼 열정적이고 치열하게 살아가는 인생들을 본 적이 없다. 내 평생 가장 뜻깊은 철학 수업은 그곳에서 이루어졌다.

앞에서 나를 일깨웠다고 했던 아이들은 그곳의 중학생들이다. 맑고 건강한 영혼들과 함께했던 열두 시간의 강의에서 나는 아이들의 아름다운 미래를 확신하게 되었다. 그곳 선생님들의 헌신적인 봉사와 노력에 대해서는 아무리 큰 경의를 표해도 부족할 것이다.

끝으로, 세상에서 나를 가장 사랑하셨던 분인 외할머니에게 이 책을 바친다. 나를 바라보던 할머니의 애정 담은 눈길은 마지막 순간에도 어린 시절 따뜻하게 보살펴 주시던 모습 그대로였다. 할머니의 사랑과 기도는 지금도 내가 세상을 살아가는 힘이다.

이 책이 소천하신 외할머니를 그리워하는 어머니와 아버지, 우리 가족들에게 위로가 되었으면 좋겠다.

차례

개정증보판 서문 5

초판 서문 9

감사의 글 14

돈
19
부자가 되면 더 행복한가?

짝사랑
33
사랑은 인생의 구원인가?

열등감
45
인정받아야만 행복한 삶인가?

의미
57
내가 정말 바라는 건 뭘까?

가치관
69
스펙을 쌓으면 빛나는 인생을 살게 될까?

성적
81
성적은 과연 능력을 보여 주는가?

인생 진도표
95
삶의 낙오자는 언제 결정될까?

말하기와 글쓰기

IO7

설득력은 논리에서 오는가?

중독

I2I

사람은 무엇으로 사는가?

이미지 메이킹

I33

나는 무엇으로 돋보이는가?

용서

I47

내 마음은 왜 분노로 가득 차 있을까?

변화

I59

위기를 기회로 바꾸고자 한다면?

관계

I7I

진정한 친구는 왜 드물까?

갈등

I83

나는 왜 지기만 할까?

애도

I95

죽은 뒤에도 삶은 이어지는가?

돈

) 돈 (

부자가 되면 더 행복한가?

현실 속의 절대 반지

빌보는 호빗이라는 난쟁이 종족이다. 어느 날 그는 낡은 금 반지를 손에 넣는다. 그 반지는 '어둠의 제왕' 사우론이 만든 것이다. 반지를 손에 낀 순간 세상의 모든 부와 권력이 자기 것이 된다. 그러니 모두 반지만 보면 이성을 잃고 빼앗으려 난리를 친다. 반지 앞에서는 우정도, 사랑도 헛되다.

반지는 너무나 힘이 세다. 세월이 가도 그 위력은 사라지 지 않는다. 반지를 없애는 방법은 오직 하나, '불의 산'에 있 는 용암 속에 던져 넣는 것뿐이다. 이를 위해 가장 욕심 없 는 호빗 프로도를 대장으로 '반지 원정대'가 꾸려진다. 그런 데 프로도 역시 마지막 순간에는 반지에 끌린다. 반지를 손가락에 낀 프로도, 하지만 반지는 곧 그의 손을 떠난다. 반지 때문에 평생을 망친 골룸이 그의 손가락을 물어뜯은 탓이다. 골룸은 마침내 반지를 차지하지만, 발을 헛디딘 나머지 반지와 함께 용암 속으로 떨어지고 만다.

톨킨(John Ronald Reuel Tolkien, 1892~1973)의 소설 『반지의 제왕』의 주요 내용이다. 그런데 '절대 반지'는 우리에게 전혀 낯설지 않다. 이미 많은 이들이 절대 반지를 좇으며 살고 있기 때문이다. 그러면 우리 현실 속의 절대 반지는 무엇일까? 바로 '돈'이다.

돈은 너무도 힘이 세다. 세월이 가도 그 위력은 사라지지 않는다. 곡식과 옷감은 썩어 사라진다. 그래서 어느 정도 배부르고 등 따뜻해지면 남는 것들은 인심 좋게 나누어 주곤 한다. 그러나 돈은 다르다. 10년 전에 찍은 돈이라 해서 새로 찍어 낸 돈보다 가치가 떨어지지 않는다. 돈은 썩지도, 사라지지도 않는다. 얼마든지 모으고 쌓아 둘 수 있는 돈. 돈은 끝없이 욕심을 키운다. 돈이 모일수록 권력과 힘도 늘어만 간다.

도스토옙스키(Fyodor Mikhailovich Dostoevsky, 1821~1881)는 '돈은 주조(鑄造)된 자유'라고 말한다. 돈이 많으면 내가 바라는 일은 무엇이든 이룰 수 있다. 부자는 자신감에 넘치고, 사람들은 그의 위세 앞에 머리를 조아린다. 그러니 돈을 손에 넣으려고 사람들은 난리다. '경제가 살아야' 사람답게 살지 않겠는가. 돈 앞에서는 가족도, 우정도, 사랑도 덧없다. 아무리 화목한 집안도 유산 문제가 불거지면 와지끈 소리가 나지 않던가. 우정만 믿고 사업을 시작했다가 사람 잃고 돈까지 잃는 경우도 한둘이 아니다. 돈이야말로 자유와 권력, 온갖 다툼의 원인이 되는 생활 속의 절대 반지다.

돈 버리는 아이

초등학교 1학년 때, 내 별명은 '칠칠이 사십구'(7×7=49)였다. 물건을 잘 흘리고 다닌 탓에 붙여진 이름이었다. 고백하자면, 나는 그때 물건들을 잃어버린 게 아니었다. 오히려 적극적으로 버리고 다녔다. 특히 동전은 길바닥에 내동댕이치기까지 했다.

어느 때부터인가 친척들은 하나둘씩 제사에 오지 않았다. 친했던 사촌들과도 놀 수 없었다. 어린 나이였지만, 돈을 둘러싸고 어른들끼리 다툼이 있었다는 사실을 눈치로 알았다. 돈이 얼마나 대단하기에 살가웠던 이들을 서로 원수처럼 만들어 버릴까?

그뿐이 아니다. 우리 집은 을지로 시장 한복판에 있었다. 나는 매일같이 돈을 둘러싼 드잡이를 보곤 했다. 눈이 시뻘

부자가 되면 더 행복한가?   23

게진 아저씨, 못살겠다며 발버둥 치는 시장 아주머니들…….
돈이 꼬이는 곳에는 늘 싸움이 있었다.

　나는 돈이 무서웠다. 돈만 사라진다면 이 모든 악다구니
도 사라져 버리지 않을까? 돈이 없어지면 평화로웠던 예전
대가족의 모습으로 돌아가지 않을까? 내가 '돈을 버리는 아
이'가 된 데는 이런 사연이 있었다.

　물론, 세상은 내가 돈을 버린다고 평화로워질 만큼 만만
하지 않았다. 크면서 나는 돈이 얼마나 무서운지를 깨달아
갔다.

　빌어먹어야 할 만큼의 가난은 죄악입니다. 그저 못사는 정
　도라면 고상한 마음을 지켜 내겠지요. 하지만 찢어지게 못
　살게 되면 누구도 그렇게 못 합니다. 누군가 그 지경이 되
　면, 사람들은 그를 몽둥이로 쫓아내지 않습니다. 아예 빗자
　루로 인간 세상 밖으로 쓸어 내 버리지요. 더 수치심을 느끼
　라고 말입니다. 잘하는 짓입니다. 정말 못사는 이들은 먼저
　자기에게 욕을 보이려 하니까요.

　도스토옙스키의『죄와 벌』에 나오는 구절이다. 고교 시절,
나에게 이 문구는 너무도 크게 다가왔다. 어릴 때 늘 봤던 시
장의 악다구니, 빚에 몰린 사람들의 초췌한 표정들……. 나도

그렇게 되지 않으려면 열심히 뭔가를 해야 했다.

나는 겉으로는 속물들을 경멸했다. '좋은 대학에 가서 돈을 많이 벌고, 예쁜 여자와 결혼해 행복하게 산다.' 어느 청소년들이 품을 법한 소박하지만 커다란 바람이다. 나는 이런 생각만으로도 속이 느글거렸다. '하! 돈 때문에 불행해지는 사람들을 얼마나 많이 봤는데, 그걸 손에 넣겠다고? 그건 행복이 아니야.' 남들이 입시 참고서를 볼 때 나는 시집을 펼쳐 들었고, 친구들이 연예인을 화제 삼아 이야기꽃을 피울 때, 어두운 구석에서 인생에 대해 생각했다.

하지만 이 모든 행동은 거짓을 꾸민 것일 뿐이었다. 고상한 척했지만, 나 역시 돈이 없어서 내 삶이 나락으로 떨어지지는 않을까 너무나 두려웠다. "너 뭐 해 먹고 살래?"라는 잔인한 물음 앞에서는 답이 없었던 거다. 밤마다 남몰래 입시 참고서를 꺼내 들었다. 남들에게 뒤처질까 겁이 나서였다. 알량한 자존심으로 대학 전공은 돈과 가장 거리가 먼 듯했던 철학을 택했지만, 대학 시절 내내 내 책상에는 취직 대비용 영어 교재와 상식 자료집이 떠나지 않았다.

돈에 대한 두려움은 삶을 치열하게 몰고 간다. 아무리 돈이 싫고 미워도 돈 없이는 살 수 없다. 경쟁에서 뒤처지면 돈에서도 멀어질 테다. 돈이 없으면 누군가에게 손 벌리는 삶을 살아야 한다. 이는 인간다운 생활이라 하기 어렵다.

평범해지기 위해 죽어라 노력한다?

대학을 졸업하고 다시 10년, 내 또래의 사람들은 대부분 아주 열심히 살았다. 고교 시절, 우리는 하루 4시간씩 자고 공부했다. 취직해서는 밤늦게까지 죽어라 일했다. 일만 하고 살았던 30대 후반의 우리는 모두 성공을 거머쥐었을까? 물론 아니다. 대부분 평범한 일상을 꾸려 가고 있다. 여전히 지갑은 빠듯하고 생활은 여유가 없다. 미래 역시 고교 시절만큼이나 불투명하다. "앞으로 뭐 해 먹고 살래?"라는 물음은 예나 지금이나 목덜미를 잡아끈다.

돌이켜 생각하면 억울하기 그지없다. 하루 4시간도 안 잘 만큼 열심히 살았다면, 우리는 재벌 회장이나 대통령, 아니 영웅쯤은 되어 있어야 정상 아닐까? 노력의 대가는 고작 '소시민 되기'였을 뿐이다. 이렇게 볼 때, 길거리에서 마주치는 여느 회사원, 공무원 들은 결코 녹록한 사람들이 아니다. 이들의 평범함은 치열하게 경쟁을 하여 겨우 얻은 것이니까.

그래서인지 야간 자율 학습 시간까지 열심히 공부하는 학생들을 보면 가슴이 답답하다. 아이들은 고작 '평범한 사람'이 되기 위해 이토록 죽어라 노력해야 하는가? 우리 사회에 과연 희망이 있을까?

그러나 지금의 보통 사람들은 결코 '평범'하지 않다. 역사적으로 볼 때, 지금의 평범함은 비범함에 가깝다. 한 세대 전만 해도 대학 졸업은 대부분 사람들에게 그림의 떡이었다. 겨울에도 따뜻한 방과 뜨거운 물이 나오는 화장실까지 갖춘 집을 서민들은 감히 꿈꾸지 못했다. 그러나 영화나 드라마에서는 적어도 대학은 나오고 조그마한 아파트는 장만한 삶을 중산층으로 그린다.

세상에 공짜는 없다. 편안함을 누리려면 그만큼 더 노력하는 게 당연하다. 경제학자 슈마허(Ernst Friedrich Schumacher, 1911 ~ 1977)는 『작은 것이 아름답다』에서 이렇게 말한다. "한 사회가 누리는 실질적인 여유는, 노동을 절약해 주는 기계의 양과 반비례한다."

못사는 나라의 사람들은 대개 여유만만하다. 부자 나라 국민들은 바람 소리 나게 바쁘다. 가난한 나라에서는 학교는 가서 뭐 하냐며 거리로, 들로 아이들을 내몬다. 반면, 부유한 나라에서는 공부 안 하는 아이들을 심각한 사회 문제로 여긴다.

못살아도 인간적이며 편안한 삶. 풍요롭지만 늘 쫓기며 뒤처질까 불안한 생활. 과연 어느 쪽이 더 낫다고 할 수 있을까? 슈마허는 우리가 문화생활에 '중독'되었다고 말한다. 날마다 따뜻한 물로 샤워하지 않아도, 차가 없어 버스를 타고 다닌다 해도 삶이 무너지지는 않는다. 하지만 일단 편리함을 누려 본 사람은 그렇지 않다. 이들에게 따뜻한 샤워, 안

락한 차, 여러 개의 방이 딸린 집 등등 자기가 누리는 소소한 일상은 좀처럼 포기하지 못하는 '필수품'이다.

문제는 이런 '평범한' 일상을 꾸리는 데 너무 많은 돈이 든다는 점이다. 생활 수준이 높아질수록 우리는 더 죽어라 일해야 한다. 세끼만 챙겨 먹어도 사람답게 산다는 소리를 듣던 시절이 있었다. 지금은 가족이 모두 휴대 전화를 갖추고, 각자 방 하나씩 돌아가는 집에 살아야 대한민국의 평균적인 삶으로 여겨진다. 적어도 방송이나 영화에서 그려지는 모습은 그렇다. 더구나 평범함의 기준 또한 점점 높이 올라간다. 그러니 돈을 얼마나 더 많이 벌어야 하겠는가?

게다가 돈이라는 절대 반지를 낀 이들도 너무나 많다. 뭐든지 할 수 있는 엄청난 재산과 온갖 부귀영화. 그들과 비교되는 순간, 내 삶은 여지없이 구겨진다. 돈이라는 절대 반지는 시기심을 끊임없이 들쑤시며 분란을 일으킨다. "너도 약삭빠르게 잇속 차리면 저 사람들처럼 부자가 될 수 있어!" 우리 사회가 아무리 잘살게 되더라도 돈을 둘러싼 악다구니가 사라지지 않는 이유다.

가난한 사람은 복 받을지니
그렇다면 우리는 어떻게 해야 행복해질 수 있을까? 슈마허는 예수(Jesus, ? ~ 기원후 30?)의 '산상 수훈'(신약 성경 가운데 마태복음 5~7장에 실려 있는, 예수가 산 위에서 한 설교)을 조용히 일러 준다. "자신이 가난함을 알고 있는 사람은 복 받을지니, 천국이 그들의 것이다." 세상에서 가장 강한 자는 돈에 길들여지지 않는 사람이다. 잃을 것이 많으면 겁도 늘어난다. 반면, 아무것도 가진 게 없는 사람은 용감하게 옳은 길을 갈 줄 안다. 어떤 일을 하건 손해 볼 것이 없는 까닭이다.

슈마허는 예수나 석가모니(釋迦牟尼, 기원전 563? ~ 기원전 483?), 공자(孔子, 기원전 551 ~ 기원전 479) 같은 현인들의 가르침을 떠올리라고 말한다. 그들은 모두 욕심을 버리고 마음을 비우라고 가르쳤다. 우리네 문명은 정반대다. 욕심을 채우고 더 키우라고 한다. 꿈을 높이 가지고, 이를 이루기 위해 무한히 노력하라고 강조하지 않던가.

절대 반지에 휘둘렸던 이들은 하나같이 불행해졌다. 돈도 마찬가지다. 돈은 우리의 욕심을 끝없이 키운다. 하지만 그 욕심은 결코 돈으로 채워지지 않는다. 돈을 모을수록 더 많은 돈을 바라게 될 뿐이다. 슈마허는 이렇게 충고한다. "인간의 욕심은 끝이 없다. 이 끝없는 욕심은 정신으로만 채워지지, 물질로는 결코 채워지지 않는다."

진정 현명한 이들은 욕심에 휘둘리는 마음을 다스리려 한다. 더 좋은 영혼을 갖추려는 노력은 우리를 행복으로 이끈다. 반면, 욕심만 좇아 더 많은 돈을 향해 뛰는 이들은 더욱 초라한 마음을 갖게 될 뿐이다. 왜 부자 나라일수록 우울증을 앓는 이들이 많고 행복도가 낮은지 생각해 볼 일이다.

조금 더
생각해 보기

　　　일상의 작은 만족감은 삶을 행복으로 물들입니다. 불안이나 초조감 없이 행복을 느끼는 순간은 언제인가요? 앞만 보고 뛰어가는 생활은 소소한 즐거움을 짓밟기 쉽습니다. 이미 내 손 안에 쥐어진 행복을 찾아 누려 보세요.

짝
사
랑

) 짝사랑 (

사랑은 인생의 구원인가?

내 사랑의 역사, 내 불행의 역사

화가 고흐(Vincent Willem van Gogh, 1853 ~ 1890)는 키(Kee;
Cornelia Adriana Vos-Stricker, 1846 ~ 1918)라는 여성을 사랑했
단다. 모두가 반대하는 절망적인 상황, 고흐는 그녀의 부모
를 찾아간다. 그리고 떨리는 손으로 성냥을 켜서 손가락을
불 속에 집어넣었다.

"제발, 제 손가락이 성냥불에 타고 있는 동안만이라도 그
녀를 만나게 해 주십시오."

사랑을 해 본 사람이라면 이 절절함에 공감할 것이다. 도
무지 출구가 보이지 않는 사랑이라면 더욱 그렇다. 고교 시
절, 나 역시 사랑의 열병을 앓았다. 열등감과 소심함으로 똘

똘 뭉친 열일곱 살 소년에게 그녀는 구원과도 같았다. 밝고 천진한 표정, 뛰어난 두뇌에 당당함까지.

그녀는 누구의 눈길도 피할 줄 몰랐다. 그런 그녀를 나는 한 번도 똑바로 바라보지 못했다. 심지어 피해 다니기까지 했다. 그녀와 등굣길이 같았지만, 나는 그녀를 만날까 두려워 늘 도망치듯 학교에 갔다. 그 당차고 아름다운 모습을 보고 있으면 왠지 자신이 부끄러워졌던 탓이다.

월요일 운동장 조회는 늘 가슴 설레며 기다리던 시간이었다. 똑똑했던 그녀는 유난히 상을 많이 받았다. 나는 줄 서서 박수를 치는 숱한 아이들 가운데 하나였다. 단상에 서 있던 그녀의 찰랑거리던 단발과 단아한 뒤태가 아직도 기억에 생생하다. 점심시간이면 나는 운동장 구석에 있는 나무 의자에 앉아 시를 쓰곤 했다. 그곳에서는 그녀의 반 창문이 가장 잘 보였다.

지금으로부터 900여 년 전의 일인, 아벨라르(Pierre Abélard, 1079 ~ 1142)와 엘로이즈(Héloïse, 1098? ~ 1164)의 사랑 이야기는 우리에게도 잘 알려져 있다. 신부와 수녀였던 두 사람은 평생 만나지 못한 채 편지로만 사랑을 나누었다. 고귀한 영혼으로 빛나는 두 사람의 편지는 아름답다. 하지만 정작 아벨라르는 엘로이즈와의 사랑을 털어놓는 편지에 '내 불행의 역사'라는 제목을 붙였단다. 좋아하는 이를 만나지 못

짝사랑

하는 사랑은 괴롭고 참담하다. 손가락을 불태울 정도로.

사랑하려면 혼자 서는 능력부터 키워라

풀리지 않는 축구 경기는 답답하다. 당황한 선수들은 똑같은 공격을 되풀이한다. 번번이 막히는데도 말이다! 풀리지 않는 연애도 그렇다. 실패를 거듭하는 사랑은 도돌이표와 같다. 멋진 사람만 좋아하는 이들을 예로 들어 보자. 이네들의 심장은 불같이 타올랐다가 금세 식어 버린다. 그러면 또 다른 상대를 찾아 나선다. 마치 인생을 구원해 줄 누군가가 마침내 나타날 것처럼 말이다.

반복된다는 점에서는 짝사랑도 다를 바 없다. 대학 시절, 내가 했던 사랑도 언제나 짝사랑이었다. 그리고 거의 비슷한 과정을 거쳐 실패를 반복했다. 연애는 항상 어려웠으며 삶을 우울하게 만들었을 뿐이다. 그럴수록 자괴감은 점점 커져 갔다. 나는 왜 이리 자신이 없을까? 왜 항상 주눅이 들까? 소심하고 덜떨어진 내 모습을 어떻게 극복할 수 있을까?

정신 의학자들은 이런 고민에 빠져 있는 이들에게 다음과 같이 충고한다. 누구에게나 '마음을 지배하는 감정'이 있다. 돈에 한이 맺힌 사람을 떠올려 보자. 이들이 자신의 상대를 고르는 기준은 돈에 휘둘리기 쉽다. 상대가 까칠한 성격에 인간관계가 좁다 해도 별로 마음 쓰지 않는다. 가난으로 고생시키지만 않는다면 모든 게 괜찮다는 식으로 성급한 판단을 내리는 것이다.

가정 폭력에 상처받은 이는 또 어떤가. 그들은 자상하고 부드러운 상대에게 쉽게 마음을 연다. 배고프면 음식에 관심이 가듯, 상처받은 마음은 자신의 부족한 면을 채워 줄 대상을 향해 달려간다. 이처럼 사랑은 '마음을 지배하는 감정'에 끌려다니게 마련이다. 이를 심리학자들은 '핵심 감정'이라고 한다.

그렇다면 내가 아쉬워하는 부분은 무엇인지 자신에게 물어보자. 절박한 상황에서는 판단을 그르치기 쉽다. 성급한 결혼이 쉽게 어그러지는 이유는 이 때문이다. 지긋지긋한 가난이 싫다고, 착하기만 하면 된다고, 아름답기만 하면 된다며 타오른 사랑은 결코 행복에 이르지 못한다. 찰스 디킨스(Charles John Huffam Dickens, 1812~1870)가 쓴 소설 『크리스마스 캐럴』의 주인공 스크루지를 보라. 아무리 돈을 벌어도 그의 얼굴은 밝아지지 않았다.

에리히 프롬(Erich Fromm, 1900~1980)은 "사랑을 하려면 혼자 설 수 있어야 한다"라고 말한다. 스크루지가 진정 바랐던 것은 돈이 아니었다. 돈 때문에 잃어버린 사랑을 되찾는 일이었다. 하지만 절절한 원한은 돈만 바라보게 했다. 사랑만큼 착각하기 쉬운 것도 없다. 나는 왜 사랑을 잃었는가? 나는 왜 그 사람을 증오하게 되었는가? 매력이 없어서? 돈이 없어서? 너무 거칠어서? 그 어느 쪽도 아닐 수 있다.

진정한 사랑을 하기 위해서는 자기 마음의 상처를 보듬는 일이 가장 중요하다. 상대를 통해 내 문제를 해결하려는 사랑은 건강하지 못하다. 부모에게 매달리는 응석받이 어린아이같이 자제력을 잃어버리는 까닭이다. 상대에게 모든 것을 거는 사랑도 마찬가지다. 상대는 홀로 서지 못하는 나에게 결국 진절머리를 낼 테다. 그럴수록 나는 더욱더 비굴하게 연인에게 매달릴 테고.

프롬은 거듭 강조한다. '사랑은 하나가 되면서도 둘로 남아 있는 상태'여야 한다고. 건강한 사랑을 하는 이는 내가 아니라 상대에게 관심을 갖는다. 어떻게 하면 상대를 더 아름답게 만들 수 있는지, 더 훌륭하고 멋지게 만들 수 있는지에 신경 쓴다. 그러니 상대도 믿음직한 나에게 더 다가올 수밖에 없다. 상대 역시 건강한 사랑을 한다면, 그쪽도 내가 더 나아지는 데 모든 애정을 쏟을 것이다. 자기 상처를 추스르며 스스로 굳게 서는 사람들은 온전한 사랑을 이룬다.

이렇듯, 대학 3학년 때 읽은 프롬의 『사랑의 기술』은 내게 큰 깨우침을 주었다. 사랑을 하려면 나 자신의 문제를 먼저 진단하고 해결해야 한다는 점을 알았다. 나에게 가장 큰 문제는 무엇이었을까? 돌이켜 보면 나는 짝사랑하던 이들에 대해 아는 바가 거의 없었다. 모두가 스스로 만들어 낸 '환상'일 뿐이었다. 지적으로 뛰어나지 못했고 빼어난 외모를 갖추지도 못했으며, 말솜씨도 어눌하고 운동도 못했던 아이가 어떤 대상에게 쉽게 주눅이 들었겠는가. 당연히 우수한 두뇌를 갖춘, 당당하고 밝은 여성이 이상형이었을 테다.

마음을 쏟은 사람을 주인공으로 나는 내 나름의 '소설'을 만들어 나갔을 뿐이다. 내 안의 콤플렉스를 하나도 갖지 않은 사람, 내가 꿈꾸고 만들어 갔던 이상형은 그런 사람이었다. 하지만 이런 상태로는 결코 온전한 사랑에 도달하지 못한다. 기대가 크면 실망도 큰 법. 사람은 신이 아니다. 누구에게나 부족하고 아쉬운 점이 있다. 눈앞에 서 있는 사람과 마음속 이상형을 끊임없이 견주는 사랑은 자신에게, 상대방에게 끝없이 상처를 준다.

'사랑에도 연습이 필요하다'는 프롬의 또 다른 충고도 귀 기울여 들어야 한다. 그에 따르면, 예쁜 꽃을 보았다 해서 좋은 그림이 저절로 그려지지는 않는다. 멋진 작품을 만들려면 부단히 연습해야 한다. 사랑도 그렇다. 우정과 사랑은 닮은 꼴이다. 처음에는 좋아했던 친구가 결국 넌더리 나는 원수가 되는 경우도 흔하다. 진정한 친구는 숱한 다툼과 화해, 갈등을 통해 만들어진다. 사랑도 그렇다. 불붙었던 첫 감정이 꼭 사랑은 아니다. 진정한 사랑은 오히려 처음에는 몰랐던 상대의 추한 면모까지 알게 된 다음에 찾아온다. 도저히 못 넘을 듯했던 갈등을 한 고비씩 넘을 때마다, 상대는 '진정한 내 사랑'으로 거듭난다. 결혼한 지 20년이 넘은, 두 아이의 아빠인 지금의 나는 프롬의 글을 읽으며 다시금 고개를 끄덕이게 된다.

플라토닉 러브, 사랑은 삶의 구원이다

누구나 그렇듯, 지나간 사랑은 유치하다. 열일곱 나이에 쓴 일기장을 넘겨 볼 때마다, 수줍은 사랑에 얼굴이 붉어지곤 한다. 하지만 길고 길었던 짝사랑의 기억은 나에게 아직도 소중하다.

너새니얼 호손(Nathaniel Hawthorne, 1804~1864)의 단편 소설 「큰 바위 얼굴」에 나오는 주인공 어니스트는 평생 산 위에 있는, 얼굴처럼 생긴 바위를 보며 살았다. 그는 언젠가는 큰 바위 얼굴처럼 자상하면서도 훌륭한 인품을 지닌 사람이 나타나리라는 전설을 굳게 믿었다. 큰 바위 얼굴을 닮았다는 사람들이 숱하게 나타났지만, 진짜로 산의 기품을 지닌 사람은 없었다. 그렇다면 큰 바위 얼굴을 닮은 사람은 누구였을까? 나이 든 주인공 자신이었다. 오랜 세월, 큰 바위 얼굴을 마음에 품고 살다 보니, 어느덧 자기 모습이 그렇게 변한 것이다.

정신적 사랑, 즉 플라토닉 러브(platonic love)도 그렇다. 진정으로 사랑에 빠진 사람은 자신의 전부를 건다. 손가락을 불 속에 집어넣은 고흐의 이야기는, 사랑의 열병에 시달리는 이에게는 결코 특별한 사례가 아니다. 이렇듯 사랑은 우리 삶에 엄청난 에너지를 불어넣어 준다. 아울러 그 사람처럼 되고 싶다는 강한 소망을 갖게 만든다.

짝사랑한 이들은 언제나 내게 큰 바위 얼굴과 같았다. 플라톤(Platon, 기원전 428? ~ 기원전 347?)은 '사랑은 영원을 향해 가는 사다리'라고 말했다. 누군가를 사랑해 애타는 마음이 불타오르고 있다면, 이미 위대한 삶을 살 열정을 가득 얻은 셈이다. 남은 과제는 그 힘으로 나 자신을 올곧게 세우는 일이다. 그럴 때에야 사랑은 아름답게 결실을 맺는다.

짝사랑

조금 더
생각해 보기

　　사랑하거나 마음이 끌리는 사람을 떠올려
봅시다. 그 사람의 어떤 면이 좋은가요? 세 가지 정도를
적어 보고, 그것이 내 마음의 상처나 기대와는 관계없
는지 되짚어 봅시다.

열
등
감

) 열등감 (

인정받아야만 행복한 삶인가?

열등감은 성적을 끌어올리는 비결?

중학교 시절, 나는 성적표 나오는 날보다 보충 수업반 발표
가 더 두려웠다. 성적순으로 반을 꾸린 까닭이다. 1등부터
60등까지는 1반, 60등부터 120등까지가 2반…… 하는 식이
다. 게다가 번호까지 등수순이었다. 몇 반에 몇 번인지만 알
면 그 아이의 석차는 금세 드러났다.

몇 반인지 알리는 안내문이 게시판에 붙을 때마다, 나는
벌거벗겨져 패대기쳐지는 느낌이었다. 등수대로 줄을 서면
앞쪽 머리에 가까웠던 나도 그랬으니, 뒤쪽 끝에서 맴도는
친구들의 기분은 어땠을까. 숱한 비난이 터져 나왔는데도,
줄 세우기와 차별은 좀처럼 사라지지 않았다. 공부를 시키

기에는 성적 공개만큼 확실한 자극이 없기 때문이다.

성적표가 나올 즈음이면 느슨한 생활도 팽팽해진다. 이대로 주저앉으면 안 된다는 비장함, 공부를 해야 한다는 조바심이 끓어오른다. 그러니 자기 성적을 온 세상에 까발리는 일은 얼마나 큰 자극이겠는가. 구겨지는 자존심은 고문만큼이나 아픈 상처가 된다. 열등감을 일깨우고 자극하는 성적줄 세우기, 이것이 수십 년 넘게 반복되는 데는 그만한 이유가 있다.

나폴레옹 콤플렉스, 부족해야 성공한다

나폴레옹(Napoléon, 1769 ~ 1821)은 키가 작았다. 사관생도 시절, 동료들은 왜소한 나폴레옹을 놀려 대곤 했다. 그는 무시당하지 않으려 이를 악물고 노력했다. 영웅이 되는 데 작은 키가 오히려 약이 된 셈이다. 심리학자 아들러(Alfred Adler, 1870 ~ 1937)는 이를 '나폴레옹 콤플렉스'라 부른다.

열등감이 크면 성공할 가능성은 그만큼 높아진다. 공부를 잘하는 학생일수록 성적에 대해 더 많이 고민하고, 세계적으로 손꼽히는 운동선수들이 자신의 부족한 점에 더 예민한 것과 마찬가지 이치다.

문제를 문제로 받아들이지 못한다면 발전도 없다. 가난하고 초라한 생활을 잘못으로 느끼지 않는 사회에서는 산업이 제대로 커 나가기 어렵다. 발전은 열등감을 느끼고 이를 이겨 내겠다는 욕심이 고개를 들 때 이루어진다. 아들러는 "자신이 부족하다고 느낄 때 우리는 비로소 인간이 된다"라고 말한다. 아이는 어른을 보면서 자기가 얼마나 힘없고 여린지를 깨닫는다. 아이를 키우는 힘은 바로 그런 깨달음에서 나온다.

이렇게 보자면 숱한 반대와 항의에도 성적 줄 세우기를 고집하던 그때 선생님들의 마음이 이해되기도 한다. 뒤떨어진 자신의 위치를 아는 것 자체가 큰 의미가 있기 때문이다. 의사는 때로 환자에게 그 병이 얼마나 위험한지를, 듣는 이가 질릴 정도로 꼼꼼하게 설명해 주곤 한다. 그래야 환자가 더욱 조심하며 몸을 추스를 테니 말이다. 열등감도 그렇다. 뒤처졌다는 위기감은 '뛰어나기 위한 노력'(striving for superiority)으로 자신을 이끈다.

"재수 없는 '범생이' 자식들!"

중학교 때 '수준별 보충반 편성'의 결과는 아주 좋았다. 공부 못하는 애라는 손가락질이 두려웠던 많은 아이들은 미친 듯이 공부했다. 성적이 아주 뛰어난 학생들도 자극받기는 마찬가지였다. 그 친구들에게 1반에 들었다는 뿌듯함은 훈장이나 다름없었다.

나는 항상 1반 아이들이 부러웠다. 아니, '부럽다'는 말 한마디에 모두 담기에는 내 감정이 너무 복잡했다. 그들을 볼 때마다 나는 억장이 무너지곤 했다. 예의와 상식이 턱없이 부족한데도 시험만은 기가 막히게 잘 보는 아이들이 얼마나 많았던가! 책 한 권 안 보는, 교양 수준이 바닥이던 아이도 버젓이 1반에 들곤 했다. 교과서와 참고서만 파고드는 데야 당할 장사 있겠는가.

가슴 쫙 편 그들에게 내가 느낀 감정은 '질투와 시기'라고 하는 게 어울릴 듯싶다. 결코 존경이나 인정의 마음은 아니었다. 그들을 보는 나머지 아이들의 심정도 비슷했다. "공부만 잘하면 다야? 재수 없는 '범생이' 자식들!"

우수한 학생들은 은근히 따돌림을 당하기도 했다. 그런 아이들이 수업 시간에 어쩌다 혼나기라도 하면 교실은 비웃음으로 가득하곤 했다. 그럼에도 우리는 모두 시험을 잘 봐서 1반에 가고 싶어 했다.

따지고 보면, 어른이 된 뒤의 삶도 이와 다를 게 없다. 누구나 성공해서 높은 자리에 올라가기를 꿈꾼다. 그러나 정상에 선 이들을, 사람들은 과연 존경의 눈으로 바라볼까? 뒤에서는 그들을 헐뜯느라 정신이 없다. "잔머리 굴리며 갖은

술수 다 부리더니⋯⋯. 결국 저 자리 차지하려고 그랬군", "그릇도 안 되는 놈이 승진을 하다니, 우리 회사에는 참 인재가 없어"라고 말이다.

그래도 자기만은 이런 험담에서 예외라고 굳게 믿는다. 별것 아닌 아이들이 1반이 됐을 때는 다들 구시렁댔지만, 내가 1반에 들어가면 모두가 존경의 눈초리를 보낼 것만 같다. 다른 이들이 높은 자리에 오르면 다들 마뜩잖아 하지만, 내가 그 자리에 앉으면 사정이 다르리라 믿는다. 하지만 이렇게 믿고 싶을 뿐, 내가 그 위치에 올라가도 돌아오는 반응은 별반 다르지 않을 것이다.

어떤 아이들은 질투의 눈초리 자체를 즐기는 듯도 했다. 그렇지만 사랑이 아닌 원망과 얕잡아 보는 마음으로 보내는 박수 소리가 과연 달갑기만 했을까?

좋은 대학에 가야 멋진 연애를 할 수 있다?

열등감이 사람들을 꼭 좋은 쪽으로만 이끌지는 않는다. 목표가 잘못되면 결과가 좋을 수 없다. 노력하면 할수록 자신이 원한 결과에서 점점 멀어질 테다. 아들러는 이를 '열등 콤플렉스'(inferiority complex)라는 말로 정리한다. 자기를 주눅들게 하는 부분만 채우면 인정받으리라는 착각을 일컫는 말이다.

작은 키 탓에 가슴앓이하는 이들을 예로 들어 보자. 그들은 키만 컸다면 고백에 성공했으리라 굳게 믿곤 한다. 비슷한 경우는 얼마든지 있다. "공부만 잘하면 친구와 부모님이 나를 인정하고 사랑해 줄 텐데", "승진만 하면 동창들이 나를 알아주고 존경할 텐데", "돈을 많이 벌면 친척들이 나를 무시하지 않고 예의를 갖출 텐데" 따위의 열등감은 우리를 한없이 초라하게 만든다.

그런데 과연 키 크고, 공부 잘하고, 높은 자리에 올라가고, 돈을 많이 벌면 사람들이 나를 알아주고 존경할까? 오히려 나를 시기하며 비웃음만 날릴 가능성이 더 크지 않을까. "별 것 아닌 놈이 돈만 많아 가지고는……" 하는 험한 뒷소리를 우리는 얼마나 많이 듣곤 하는가.

지치고 힘든 고3 시절, 선생님께서는 우리를 이렇게 격려하시곤 했다. "너희들이 좋은 대학에 가면 정말 멋진 연애를 할 수 있다!" 과연 그랬을까? 남들이 부러워하는 대학에 간 친구들 가운데 그런 경우는 많지 않았다. 오히려 '사법 시험에만 합격하면', '회계사 시험만 통과하면', '유학만 갔다 오면' 하는 식으로 연애에 대한 기대는 점점 더 뒤로 물러나기만 했다.

결과적으로, 멋진 연애는 좋은 대학과는 별 상관이 없었다. 중학교 때 효과 만점이었던 수준별 보충 수업이 이제는 달갑게 여겨지지 않는 까닭은 여기에 있다. 진정한 사랑과 인정을 받고 싶다면 다른 곳에서 답을 찾아야 한다.

예수라면 어떻게 했을까?

뛰어난 이들은 질투의 대상이 된다. 그러나 정말 위대한 이들은 그렇지가 않다. 한때 미국에서는 'WWJD'라는 문구가 유행이었다. 이는 "What would Jesus do?"(예수라면 어떻게 했을까?)의 줄임말이다.

예수나 석가모니, 공자 같은 분들은 인류의 스승이다. 많은 사람이 그들처럼 되기 위해 노력한다. 수도자들은 말할 것 없고, 우리 주변의 평범한 사람들도 성자들의 가르침으로 마음을 다잡는다. 만약 내 생활이 예수의 삶과 많이 닮게 된다면 어떨까? 석가모니나 공자를 닮아 간다면? 그래도 남들이 나를 시기에 찬 눈으로 바라볼까? 아마도 그렇지는 않을 것이다.

진정한 열등감이란 예수나 석가모니, 공자를 향해 느끼는 감정이다. 성자들을 볼 때 찾아드는 부끄러움은 나를 바람직한 방향으로 이끈다. 아들러가 말하는 '뛰어나기 위한 노력'은 이런 마음을 뜻하는 것이리라. 욕심에 휘둘리고 판단이 흐려지는 순간마다 "예수라면 어떻게 했을까? 공자라면, 석가모니라면 어떻게 했을까?"라는 물음은 나를 올곧게 잡아 줄 것이다.

나아가 함석헌의 가르침도 새겨 둘 만하다. 그는 "모든 고난에는 의미가 있다"라고 말한다. 못나고 성에 차지 않는 자신의 모습을 탓하기에 앞서 되물어 보자. 원래 뛰어난 이가 거둔 성공은 놀라울 것이 없다. 반면, 정말 부족한 이가 거둔 작은 성과는 찬사를 받아 마땅하다.

우리 삶도 그렇다. 무엇 하나 잘하는 게 없고 못생긴 데다 지지리 가난하다고 해도, 비참함을 느낄 이유는 없다. 공부를 더 잘하고 더욱 멋져지고 부자가 될수록 더 많은 질투를 받기 때문이다. 그들이 진정한 존경과 사랑을 받으리라는 보장은 없다. 인정받고 싶은 바람은 이것으로는 채워지지 못한다. 정말로 자기를 키워 내는 열등감은 따로 있다. 성적에, 외모에, 또 돈에 대한 욕심에 가려져 버린 진정한 나의 '열등감'은 무엇인지 곰곰이 생각해 보자.

조금 더
생각해 보기

　　　　　열등감은 자신을 발전시키는 계기가 되곤
합니다. 반면, 지나친 열등감은 스스로를 깎아내리며
마음의 병만 키울 뿐입니다. 아들러도 열등감이 그릇된
방향으로 나아가는 것을 걱정합니다. 열등감을 잘못된
방식으로 극복하려는 이들은 권력을 거머쥐려 하거나,
남을 억눌러서 자신의 '존재감'을 심어 주려 합니다. 역
사상 폭군들을 보면 대개 그런 모습을 하고 있습니다.
혹시 남을 힘으로 억누르고 싶은 욕구가 들지는 않나
요? 강한 권력을 얻어서 내 마음대로 하고 싶은 욕망은
없나요? 무엇에 대한 욕심이 그런 마음을 갖게 했는지
생각해 봅시다.

의
미

) 의미 (

내가 정말 바라는 건 뭘까?

쾌락의 트레드밀

삶은 누구에게나 고되고 힘들다. 초라하고 구질구질한 내
일상에 무슨 희망이 있겠는가. 내가 행복해지려면 엄청난
행운이 필요할 듯싶다. 이런 생각에 어깨가 잔뜩 움츠러드
는 순간, 우리는 '인생 역전'을 꿈꾸곤 한다. 로또 복권에 당
첨되면 어떨까? 좋아하는 사람에게서 기적처럼 사랑 고백
을 듣는다면? 시험에서 찍은 답들이 하나같이 정답이라면?

하지만 심리학자들은 절망적인 이야기를 들려준다. 그래
봤자 인생은 여전히 괴롭고 지루하다고 말이다. '로또 대박'
을 맞은 사람들을 조사해 보았단다. 수십 억의 행운도 이들
을 행복하게 해 주지 못했다. 기쁨은 잠시뿐, 1년 뒤 그들의

행복감은 여느 사람들과 별로 다르지 않았다. 그렇다면 연애에 성공한 사람들은? 전교 1등을 한 학생들은? 그들은 과연 영원한 행복에 다다랐을까?

성공을 좇는 삶은 러닝머신 타기와 같다. 뛰고 또 뛰어도 언제나 제자리다. 1억 원을 가진 사람이 아등바등 살아서 100억대 재산가가 되었다. 그래도 결코 행복하지 않다. 1000억 원씩 굴리는 이들에 비하면 여전히 가난하기 때문이다. 우리네 일상도 별반 다르지 않다. 꿈에 그리던 스마트폰을 손에 넣었다고 해 보자. 기쁨은 몇 주일도 가지 못한다. 내 것보다 훨씬 예쁘고 기능도 여러 가지인 스마트폰이 탐나는 까닭이다. 심리학자들은 이를 가리켜 '쾌락의 트레드밀'(hedonic treadmill, 우리식 영어 '러닝머신'이 곧 '트레드밀'이다)이라 한다.

그럼에도 우리는 성공과 행운을 바란다. 국가도 마찬가지다. 경제 성장에 목매달지 않는 나라는 거의 없다. 국민 총생산(GNP, Gross National Product)은 얼마나 그 나라가 튼실한지 보여 주는 잣대다. 하지만 이 또한 '쾌락의 트레드밀'에 지나지 않는다. 과연 기름진 반찬을 먹고 큰 평수 아파트에 살면 삶은 장밋빛일까? 만약 그렇다면 1인당 GNP 6만 달러가 넘는 나라에 사는 사람들은 우리나라보다 적어도 두 배 이상 행복해야 한다. 하지만 왜 선진국일수록 자살률이 높을까?

"고등학교 때가 더 나았어요"

"선생님, 고등학교 때가 제일 행복했어요." 대학에 입학한 제자들이 찾아와 흔히 하는 말이다. 고등학교 때가 제일 행복했다고? 이 무슨 당찮은 말인가. 아침 7시부터 밤 10시까지 꽉 짜인 일상, 성적과 경쟁이 주는 스트레스, 사춘기 특유의 날카로움을 품은 친구들. 이에 견주면 대학 생활은 '천국'이어야 한다. 수업은 하루 3시간 남짓, 그 밖의 모든 것은 '자유'다. 동아리 활동을 하건, 미팅을 하건, 방학 내내 여행을 다니건 말이다. 대학 생활이 괜히 인생의 황금기이겠는가! 그럼에도 많은 학생들이 고등학교 때가 더 나았다고 고백한다. 석방된 죄수가 감옥을 그리워하는 꼴이다.

왜 그런지 의문이 찾아들 때면, 오래전 내 대학 신입생 시절을 되짚어 본다. 나 역시 똑같은 시절을 지냈으니까. 대학 신입생을 영어로는 '프레시맨'(freshman)이라고 한다. 하지만 내가 경험한 대학 1학년은 결코 '프레시'하지 않았다. 고등학교 때는 생활은 지긋지긋했어도 모든 고민에 끝이 있었다. 대학만 들어가면, 합격증만 받으면 '고생 끝, 행복 시작'일 터였다. 그러니 지금은 오로지 열심히 공부하기만 하면 된다. 그러면 미래는 저절로 열릴 것이다.

그러던 내게, 대학은 판도라의 상자를 열어 준 꼴이었다. 나는 결코 공부만 해서는 삶을 이끌지 못함을 깨달았다. 어떤 직업을 가져야 할지, 그러기 위해서는 어떤 준비를 해야 할지, 어떤 동아리에 들고, 오늘 점심에는 무엇을 먹어야 할지까지 스스로 결정해야 했다. 모든 결정에는 실패할 위험이 따르게 마련. 그 책임도 오롯이 내가 감당해야 했다.

삶이 버거울 때 사람들은 흔히 '퇴행'(발달 단계에서 어떤 장애를 만나 현재 이전의 상태나 시기로 되돌아가는 현상)하는 방법을 택한다. 어린아이처럼 군다는 뜻이다. 고민이 산더미처럼 몰려들 때, 열아홉 살 대학생들도 퇴행에 가까운 선택을 한다. 환경이 새로워졌음에도, 그들은 삶을 과거로 되돌려 다시 도서관에 가서 책을 편다. 그리고 공부'만' 하면 되는 상황으로 돌아간다. 대상이 대학 입시에서 자격증 취득으로, 입사 시험으로 바뀌었을 뿐이다. 열심히 공부하면 미래는 저절로 열릴 것이다. 자격증만 따면, 토플 성적만 높게 나오면…….

이런 상태로 살아가는 어른들도 적잖다. 대출금만 다 갚으면, 돈만 많이 벌면, 승진만 하면 등등 끊임없이 무언가를 꿈꾼다. 과연 그렇게만 되면 행복을 움켜쥘까? 아마도 아닐 듯싶다. 다른 고민을 잊기 위해 몰두할 대상을 또다시 만들어 낼 테다. 여기서 '인생 목표'란 따지고 보면 '마취제'에 다름 아니다. 끊임없이 뭉글거리는 고민들을 모두 잠재울 '명분'을 만들어 주는 그런 것 말이다.

더구나 목표대로 삶이 이루어지는 경우는 거의 없다. 생활은 뒤뚱거리며, 계획은 대부분 어그러진다. 그래도 목표가 뚜렷한 삶은 즐겁다. 겉으로만 보면 마라톤은 무척 고통스러운 일이다. 하릴없이 힘들게 40여 킬로미터를 달리다니, 이런 정신 나간 짓이 어디 있겠는가! 하지만 마라톤을 사랑하는 이들의 이야기는 다르다. 날씨 좋은 날 들판에 나가 뛰어 보라. 헉헉거리며 죽을 듯한 기분이 밀려들지 모른다. 이른바 '데드 포인트'(dead point, 몸속에서 필요로 하는 산소가 극단적으로 부족한 상태에 이르러 죽을 고비에 다다른 점) 상태다. 하지만 이 경지를 넘기면 말 못 할 쾌감이 찾아든다. 몸이 붕 뜨는 상쾌한 기분, 이른바 '러너스 하이'(runners' high)다.

공부도 그렇다. 나도 모르게 몇 시간씩 집중해 공부했을 때를 떠올려 보라. 자리에서 일어설 때면 가슴이 뿌듯하다. 칭찬하는 이 하나 없어도 스스로 자랑스럽고 행복하다. 이것이 심리학자들이 '몰입의 즐거움'이라 부르는 바로 그 상태다. 좋아하는 일에 푹 빠져드는 것, 그 근본 원리는 '러너스 하이'와 다르지 않다.

'돈 버는 재미'도 똑같은 원리다. 정신없이 일에 몰두하다 보면 상쾌하고 기분이 좋아진다. 이런 느낌에 맛 들이면 일 중독자가 되는 것은 금방이다. 정신 의학자 정혜신은 이런 사람들을 별로 좋게 보지 않는다. 그이가 보기에 이런 치들은 일종의 조증 상태(기분이 들떠서 쉽게 흥분하는 일이 지속적으로 일어나는 상태)에 빠져 있다. 달뜬 기분에 빠져 앞뒤 재보지도 않고 덤벙거린다는 말이다.

죽자고 일만 했던 사람들은 40대, 50대 무렵에 심한 우울증에 빠지기 쉽다. 회사를 위해 죽어라고 달려왔는데 나는 지금 쫓겨날 위기에 몰려 있다. 도대체 내 삶은 무엇이었단 말인가. 이러한 심정은 20대 청년 실업자도 마찬가지다. 대학 4년을 오롯이 도서관에서 공부하는 데만 바쳤는데, 왜 사회는 나를 받아 주지 않는가. 나는 왜 가치 없는 인간이 되었을까?

평생을 '러너스 하이' 상태로 보낼 수는 없다. 물론 무엇에 몰두하는 일은 그 자체로도 즐겁다. 하지만 삶에 대한 성찰이 없으면, 이 또한 자기 영혼의 성장을 막는 마취제일 뿐이다.

내 인생의 파산을 막으려면

인생의 각 단계에는 입학, 입시, 취직, 결혼같이 해야 한다고 여겨지는 '성장 과업'이 있다. 그뿐 아니다. 친구와의 갈등, 윗어른이나 아랫사람과의 부딪침, 삶의 의미를 다잡는 고민도 눈에 보이지는 않지만 삶의 단계별로 겪어야 할 과제들이다. 삶의 신산스러움을 잘 이겨 낸 사람들은 성숙하고 아름답다. 반면, 온실 안의 화초처럼 자란 이들은 결국 그 대가를 치러야 한다. 지금은 고민이 비껴갔다 해도, 언젠가는 '성장 과업'이 자신에게 찾아들 것이기 때문이다.

'어떻게 살아야 만족한 인생을 보내게 될까?'라는 고민은 사실 10대에 했어야 한다. 그럼에도 많은 이들은 이 고민을 뒤로, 또 뒤로 자꾸만 늦춘다. 대학에 가야 하니까, 취직을 해야 하니까, 돈을 벌어야 하니까 따위의 이유로 말이다. 주변에서는 그런 고민은 나중에 해도 된다며 격려해 주기까지 한다. 이른바 성장 과업의 모라토리엄(moratorium, 전쟁, 지진, 경제 공황, 화폐 개혁 등의 긴급 사태가 발생한 경우, 일정 기간 금전 채무의 이행을 연장시키는 일), 즉 '유예'다.

진정한 고민을 자꾸만 늦춘 사람들은 결국 어떤 삶을 살게 될까? 한 번쯤은 마음의 병을 된통 앓게 될 것이다. 성장 과업의 모라토리엄이 유독 강한 우리네 청소년들은 대학 가서, 늦은 이들은 40대, 50대에 들어서 '인생병'을 크게 앓는다. 이때 깨달음을 얻어 자기 인생을 다잡으려 해도 이미 시기를 놓친 경우가 대부분이다.

심지어 어떤 이들은 아예 고민 자체를 놓아 버린다. 철학자 니체(Friedrich Wilhelm Nietzsche, 1844 ~ 1900)는 이런 사람들을 '낙타형 인간'이라며 비꼰다. 이들은 인생을 원래 참고

견디는 과정이라 생각한다. 행복? 희망? 그런 걸 어디다 쓴단 말인가. 그러니 묵묵히 내게 주어진 일을 낙타처럼 해 나갈 뿐이다. 인생은 그냥 의무에 지나지 않는다. 자기보다 우월한 자의 말에 맹목적으로 순종하며, 일밖에 모르는 이런 사람들은 우리 주변에 널려 있다. 과연 여러분은 이 사람들처럼 살고 싶은가?

욕망의 버블 붕괴, '무엇' 말고 '어떻게'에 주목하기

사람들이 쾌락의 트레드밀에 빠지는 이유는 '대학'만 가면, '출세'만 하면, '돈'만 많이 벌면 등등 '무엇'에만 주목하기 때문이다. 그러나 지혜로운 사람들은 '어떻게'에 주목한다. '어떻게' 하면 마음의 평화를 이룰까, '어떻게' 하면 깊은 고민에서 빠져나올까 하면서 말이다.

석가모니는 무엇을 손에 넣으면 행복해진다고 가르치지 않는다. 바르게 보고, 바르게 생각하고, 올곧게 말하며, 바르게 행동하고, 정직하게 생계를 꾸리며, 바르게 정진하고, 마음을 다잡고, 진정한 명상에 빠져들라고 충고할 뿐이다. 이 점은 예수도 마찬가지다. '원수를 사랑하고', '오른뺨을 때리면 왼뺨도 내밀라고' 가르쳐 주지, 무엇을 손에 넣으면 행복해진다고 말해 주지 않는다. 진정한 현자들은 '어떻게 살아야 할지'에 대한 삶의 길을 일러 줄 뿐이다. 결코 거머쥐기만 하면 행복에 이르는 목표를 내놓지는 않는다.

'버블 붕괴'가 한창인 세상이다. 앞뒤 안 재고 돈만 많으면 행복하리라 믿으며 달려간 결과다. 삶의 의미를 깊이 탐색하지 않은 사람은 뿌리 없는 나무와 같다. 곧 지나갈 아픔과 고통에도 쉽사리 삶을 놓아 버린다.

어떤 나라는 국민 총생산이 아니라 국민 행복 지수(GNH, Gross National Happiness)를 중요하게 생각했다. 그리고 맹목적인 경제 성장보다는, 자연을 가꾸고 삶의 질을 높이는 데 더 힘을 쏟았다. 내가 진정 바라는 것이 무엇인지 진지하게 생각해 보자. 돈만 많으면, 좋은 대학만 가면, 출세만 하면 나는 진짜로 행복해질까? 나는 과연 '어떻게' 살아야 행복에 이를까?

조금 더
생각해 보기

     내가 어떻게 살아야 할지 생각해 보고, 그 기본 규칙을 정해 '내 인생의 10대 규율'을 만들어 봅시다. 진정 행복해지려면 '어떻게' 살아야 할까요?

가
치
관

스펙을 쌓으면 빛나는 인생을 살게 될까?

나는 '깍두기'였다

나는 항상 깍두기였다. 깍두기는 투명 인간과 같다. 술래잡
기를 하건, 공기놀이를 하건, 같이 놀기는 하되 '없는 사람'
으로 여겨지기 때문이다. 심지어 축구를 할 때도 그랬다. 상
대는 11명, 우리 편은 12명이었다. 그래도 아무런 문제가 없
었다. 나는 깍두기였으니까. 깍두기란 '놀이하는 데 그냥 덤
으로 붙여 준 친구'를 일컫는 말이다. 또래보다 어렸고 운동
도 못했던 나에 대한 친구들의 배려였다.

  뛰어노는 게 마냥 신났던 나는 깍두기가 좋았다. 하지만
주변의 시선은 달랐다. "쟨 깍두기야. 그냥 무시해." 어느 순
간부터, 친구들은 대놓고 나를 '덜떨어진 아이'로 취급했다.

한 살 한 살 먹어 갈수록, 부모님도 은근히 걱정하는 눈치셨다. "우리 아이는 도무지 '승부욕'이 없어서요……."

나는 그냥 어울려 뛰어다니는 게 좋았다. 그러나 내가 좋아하는 것만 해서는 안 되었다. 사랑받으려면 남들이 인정해 주는 것을 해야 했다. 축구할 때도 즐겁게 뛰어다녀서만은 안 된다. 무엇보다 골을 넣어야 했다. 나는 따뜻한 방바닥에 누워 책 읽기를 좋아했다. 그러나 여러 사람에게 걱정을 끼치지 않으려면 독후감 대회에서 상을 받거나 국어 점수를 잘 받아야 했다. '내가 원하는 것보다, 사람들이 바라는 것을 해야 한다.' 초등학교 1학년, 늘 늦되던 내가 깨달은 첫 번째 진리였다.

대물림되는 인생 진도표

프랑스 철학자 라캉(Jacques Lacan, 1901~1981)은 이렇게 말했다. "어린아이는 엄마의 욕구를 욕망한다." 어린아이들은 모래 장난과 진흙탕 놀이를 즐겨 한다. 그러나 이를 좋아하면 안 된다는 사실을 곧 깨닫게 된다. 엄마가 바라지 않기 때문이다. 엄마는 깨끗하고 정돈된 옷매무새를 원한다. 그러니 '착한' 아이라면 깔끔한 옷매무새에서 만족을 느껴야 한다. '더러운 놀이'에 빠져들어서는 결코 안 된다. 아이의 욕구는 하나하나 부모와 사회의 바람대로 바뀌어 간다. 그렇게 길들수록 아이는 "철들었다"라며 칭찬받는다.

우리 사회는 인생 진도표가 너무나 분명하게 정해져 있는 듯하다. 학생 때 인정받으려면 성적이 좋아야 한다. 학창 생활을 잘 보냈는지는 입학한 대학의 이름이 말해 준다. 뭇사람들에게 인정받는 직업은 의사, 판사같이 '사' 자가 붙은 직업들이다. 결혼은 또 어떤가. 배우자는 무엇보다 집안과 학벌이 출중해야 한다. 거기에 인물까지 번듯하면 더욱 좋다. 그래야 부모님께서 내게 흐뭇한 미소를 보내시지 않겠는가. 재산은 강남에 중·대형 아파트를 갖추고 고급 차를 굴릴 정도가 되어야만 '좀 사는 사람'으로 인정받는다. 게다가 결혼한 부부라면 아이를 꼭 가져야 한다. 떡두꺼비 같은 아이를 낳고, 그 아이가 공부 잘해서 특목고와 명문대에 진학하면, 자녀 교육을 잘했다며 우러름을 받는다. 곱게 키운 자녀를 좋은 배우자와 짝지어 주면 모든 사람의 선망을 받는다. 그 자식들이 '사' 자가 붙은 직업을 갖고, 고급 차에 강남에 중·대형 아파트까지 갖춘다면……

이 진도표는 부모에서 자식에게로, 자식에서 손주에게로 대물림된다. 우리는 사회가 바라는 바를 원해야 한다. 좋은 대학이 내 삶에 무슨 의미가 있느냐고 강짜를 부리며 장사해서 돈이나 벌겠다거나, 래퍼가 되겠다고 뛰쳐나가는 아이는 집안의 근심거리다. 왜 정해진 성공 트랙을 밟아 가지 않느냐는 말이다. 무릇 사람은 사회의 욕구를 욕망해야 한다. 정글 같은 세상에서 살아남으려면 그렇게 길들어야 한다.

'스펙'은 화려하지만 능력은 없어요

우리 주변에는 이 진도표를 훌륭하게 따라간 사람들이 많다. 적어도 스펙(specification에서 나온 말로, 입시나 취업에 필요한 학력·학점·토익 점수 등의 평가 요소를 가리킨다) 면에서는 그렇다. 좋은 학교와 성적, 높은 어학 시험 점수에 대학원까지. 과연 그들은 모두 성공한 사회인으로 세상을 살아갈까?

해외 명문 대학과 기업 들은 점점 한국의 학생들을 믿지 못한다. 이는 더 이상 비밀도 아니다. "스펙은 화려하지만 능력은 없다." 한국의 모범생들이 흔히 듣는 평가다. 남들이 원하는 기준에 맞추려고 아득바득 살아왔지만, 결과적으로는 그저 고만고만한 사람이 되어 버렸을 뿐이다.

그럴수록 마음은 점점 조급해진다. 이 모든 게 자신의 스펙이 부족해서 생긴 일만 같다. 그리하여 더 좋은 스펙을 갖추기 위해 대학을 마치고 또 대학원으로 발길을 옮긴다. 어학 점수도 최상급으로 올린다. 해외 연수가 필수라니 빚을 내서라도 외국에 다녀온다. 모두 질세라 저마다 스펙을 올리느라 열심이다. 대한민국 10대, 20대의 스펙 경쟁은 날이 갈수록 뜨거워만 간다.

하지만 더 좋은 스펙을 갖추면, 나는 능력 있는 사람으로 인정받을까? 그토록 꿈꾸던 빛나는 인생을 살게 될까? 과연 화려한 스펙이 10대에는 입시 공부에, 20대에는 취직 공부에, 장년기에는 해고 공포에 휘둘리는 우리를 구원해 줄까?

사랑받을 만한 사람이 되라

가난한 사람과 사랑에 빠진 재벌 2세, 드라마에 흔하게 나오는 소재다. 왜 이런 진부한 이야기가 인기를 끌까? 현실에서 재벌 2세가 가난한 사람과 맺어질 가능성은 거의 없다. 이룰 수 없는 꿈은 더욱 달콤하게 마련이다. 신데렐라처럼 신분 상승을 하고 싶다는 욕망이 이런 부류의 드라마를 나오게 하는지도 모른다.

하지만 좀 더 깊이 생각해 보자. 먼저, 주인공인 '가난한 사람'의 모습을 눈여겨보자. 그들은 언제나 솔직하다. 때로는 "얼마면 돼?"라고 비아냥거리는 재벌 2세 앞에서도 당당하다. 온갖 고난에도 꿋꿋한 '씩씩이'들이다.

그들은 시청자를 사로잡을 만큼 충분히 매력적이다. 왜 우리는 드라마 속 가난한 주인공들에게서 매력을 느낄까?

그들이 '화려한 스펙'을 갖추고 있어서일까? 하지만 그들은 대부분 명문 대학을 나오지 않았고 높은 어학 점수도 얻지 못했다. 그들이 사랑받는 이유는 길들지 않았다는 점에 있다. 그들은 '자기 자신'일 뿐이다. 미국의 정신 의학자인 M. 스콧 펙(Morgan Scott Peck, 1936~2005)은 이렇게 이야기한다. "진정 사랑받는 유일한 길은 자기 자신이 사랑받을 만한 가치가 있는 사람이 되는 것이다."

'생각의 지도'를 바꾸라

잠깐 이야기를 뒤집어 보자. 재벌 2세의 연애 이야기에 귀가 솔깃해지는 까닭은 무엇일까? 평범한 사람들에게 재벌 2세와의 결혼은 로또 복권 당첨과도 같다. 노력하지 않고도 신분이 수직 상승할 수 있으리라는 희망 말이다. 그러나 남들이 내 인생을 해결해 주기를 원한다는 점에서는 스펙에 매달리는 태도도 똑같다. 이러저러한 면을 갖추면 남들이 나를 인정하고 이끌어 줄까? 그렇지 않을 수도 있다. 모든 스펙을 갖추었는데도 상대가 "난 그거 필요 없는데"라고 말한다면?

스펙에 목매는 태도는 결국 '번지수 틀린 욕망'이다. 스펙에 아무리 절실하게 매달려도, 인정받고 안정되고 싶은 욕구는 완전히 채워지지 않는다. 결국 내가 소중한 사람이라는 판단은 남에게 달려 있기 때문이다. 그러니 항상 마음은 불안할 수밖에 없다.

M. 스콧 펙은 무엇보다 '생각의 지도'를 바꾸라고 강조한다. 현실과 맞지 않는 오래된 지도는 버려야 한다. 길을 제대로 찾으려면 정확한 지도가 필요하다. 하지만 익숙한 지도를 버리기란 쉽지 않다. 사람들은 지도가 아니라 현실이 잘못되었다고 비난한다. 사회가 바라는 조건을 모두 갖추었는데도, 왜 나는 이 모양 이 꼴로 지내야 하느냐는 식이다. 그렇지만 언제 사회가 그런 스펙을 갖추라고 공개적으로 요구한 적이 있었는가? 나 자신이 막연히 이러저러한 조건을 갖추어야 한다는 괜한 지레짐작에 사로잡혀 절절매며 지내 왔을 뿐이다. 스콧 펙은 다시 힘주어 말한다. "네가 문제 해결에 나서지 않으면, 너 자신이 문제의 일부가 되고 말 것이다." 그러므로 진정 행복하려면 먼저 자기 삶의 지도부터 다잡아야 한다.

고난을 반기며, 고통까지 받아들여라

삶은 누구에게나 불안하고 불안정한 것이다. 우리는 먼저 이 사실을 받아들여야 한다. 내가 의사나 변호사가 된다고 해서, 세상이 결코 편안한 곳으로 다가오지 않는다. 잘나가는 기업들도 30년을 버티기 힘든 세상이다. 죽을 때까지 인생을 안락하게 만들어 줄 스펙이란 없다. 그러니 스펙보다 자기 영혼을 튼실하게 가꾸는 데 힘을 쏟아야 한다.

> (내게 닥친 어려운 문제는) 우리에게 용기와 지혜를 요구한다. 그뿐만 아니라 없던 용기와 지혜마저도 만들어 낸다. 영혼의 성장은 오직 어려움을 이겨 냄으로써 가능하다. (……) 고통은 가르침을 준다.

스콧 펙의 『아직도 가야 할 길』에 나오는 구절이다. 남들이 가지 않은 길을 가는 데는 용기가 필요하다. 더구나 사회가 원하는 바에 너무 오래도록 길들었다면, 자기가 뭘 원하는지를 알아내는 일조차 쉽지 않다. 그럴수록 자기가 무엇을 바라는지 끊임없이 스스로 되물어야 한다. 어떻게 해도 삶의 어려움은 사라지지 않는다. 펙은 말한다. "현명한 사람은 오히려 고난을 반기며, 고통까지도 기꺼이 받아들인다." 역경을 이겨 내는 가운데 자신이 한 뼘 더 성장하리라는 사실을 믿기 때문이다. 고난이 없었다면 노력할 기회가 없었을 테니까 말이다.

문제는 제대로 노력하는 일이다. 과거에는 성공을 보장했던 길이라 해도 지금 나의 성공을 약속해 주지는 않는다. 단단해 보이는 우리 사회의 '인생 진도표'는 허구다. 정말 행복하고 싶다면 자기의 길을 스스로 찾아야 한다. 그러다 겪는 실패는 또 다른 경력으로 나를 빛나게 할 것이다.

세상에서 사랑받는 이들이 매력적인 이유는 그들에게 실패가 없어서가 아니다. 꿋꿋하게 자기 길을 가는 사람은 아름답다. 역사를 빛낸 사람들도 마찬가지다. 매일매일 다른 이의 욕망에 길들어 가는 자기 자신을 되돌아볼 일이다.

조금 더
생각해 보기

　　　M. 스콧 펙은 사람들에게 '승진 노이로제'
가 있다고 말합니다. 승진 노이로제는 더 많은 책임과
업무가 두려워, 높고 책임 있는 자리로 승진하기를 두
려워하는 현상을 일컫습니다. 경쟁이 심한 직업보다 공
무원같이 안정된 자리를 원하는 모습이 여기에 해당합
니다. 도전하지 않고 주저앉아 버리면 더 크게 성장하
기 어렵습니다. 반면, 웰빙(well-being)처럼 욕심을 버리
고 편안한 삶을 살라고 충고하는 소리도 많습니다. 도
전과 편안함, 어느 쪽을 좇는 태도가 바람직할까요?

성
적

) 성 적 (

성적은 과연 능력을 보여 주는가?

입시 수재는 고립형 천재?

사막 상인들의 긴 대열에서 무리의 속도를 결정짓는 것은 가장 느린 낙타다. 잽싼 낙타가 아무리 빨리 간다 해도, 뒤처지는 놈이 있으면 가나 마나다.

자기 관리도 마찬가지다. 공부, 가족, 인간관계, 건강 챙기기, 보람찬 여가 등등 어느 하나라도 부족하면 자신을 가꾸기 어렵다. 친한 친구와 계속 부딪치는데, 몸이 부실하여 금세 피곤해지는데, 공부가 제대로 될 리 있겠는가. 더 멀리 앞으로 나아가고 싶다면 삶의 어느 한구석이라도 소홀히 해서는 안 된다. 자기 계발 전문가 스티븐 코비(Stephen Covey, 1932 ~ 2012)의 말이다.

하지만 우리네 입시생들이 그의 말을 따르기란 쉽지 않다. 치열한 경쟁에서 살아남으려면 뒤처진 낙타는 떨쳐 버려야 한다. "그런 고민은 대학 가서 해", "살 빼고 근육 키우는 일은 나중에 해도 늦지 않아"라는 말을 우리는 얼마나 많이 듣곤 하는가. 엄청난 학습량을 감당하려면 생활이 단순해야 한다. '공부의, 공부에 의한, 공부를 위한 생활!' 수험생의 하루는 이래야 한다.

어찌 보면, 성공적인 입시 생활은 자신을 고립시키는 과정이다. 세상과 관계를 끊은 채, 오직 공부에만 매달려야 하기 때문이다. 그래서 우등생들을 삐딱하게 보는 사람들은 그들을 자기만 챙기고 냉정할 뿐 아니라 공부밖에 모른다고 빈정댄다.

그럴 만도 하다. 친구들을 제대로 챙기며 온갖 봉사 활동과 체험 활동까지 보람차게 꾸린다면 언제 공부를 하겠는가. 승부는 냉정하다. 이런 것들은 입시의 곁다리인 '비교과(非敎科) 영역'일 뿐이다. 승패는 오직 성적으로 가려질 터, 모든 관심사를 뒤로 돌리고 오로지 책상에 앉아 공부에만 매달려야 한다.

성적

십수 년 전, 〈믿거나 말거나〉라는 텔레비전 프로그램이 있었다. 미국에서 꽤 인기를 끌었다던 이 프로그램에는 한국을 소개하는 내용도 있었다. "한국의 학교에서는 한 교실에 70명이 빼곡히 들어앉아 수업을 받습니다. 학생들은 딱딱한 나무 의자에 앉아 10시간 가까이 시간을 보냅니다. 믿거나 말거나."

미국인들에게는 '믿거나 말거나' 할 만큼 신기한 일이었겠지만, 우리에게 이는 '평균적인' 학교의 모습이었다. 학교는 인내의 장소였다. 참고, 참고, 또 참아야 했다. 오죽하면 수련회의 명칭까지 '극기 훈련'이었겠는가. 여름이면 푹푹 찌고 겨울이면 얼어붙던 교실도 '교육의 일환'이라 배웠다. 이 정도 추위와 더위도 못 참는 사람이 어떻게 큰일을 할 수 있겠는가 하는 논리였다.

어찌 보면 그 당시 학교는 옛 그리스의 도시국가 스파르타를 떠올리게 한다. 스파르타의 교육, '아고게'(agoge)는 무지막지했다. 아이들은 일곱 살이 되면 부모 품을 떠나, 스무 살까지 단체 생활을 했다. 아이들은 머리를 빡빡 깎인 채 부실한 옷차림을 강요받았다. 음식은 늘 부족하고 맛이 없었다. 이 모두가 강한 전사를 기르기 위한 교육 과정이었다나.

이와 비슷하게, 예전 우리 학교에는 "우리는 민족중흥의 역사적 사명을 띠고 이 땅에 태어났다"로 시작되는 '국민 교육 헌장'이 교실 앞 벽에 자리 잡고 있었다. 그렇다. 우리는 강해져야 했다. 조국은 늘 '중진국 상위권'이었기에, 정신 바짝 차리지 않으면 곧 주저앉아 버릴 터였다. 우리는 미래의 대한민국을 이끌 산업 전사다. 학교생활은 고달팠지만, 그래도 우리는 견뎌 내야 했다. 밝은 미래를 위해서 말이다.

'대갈이'와 '대포족'의 싸움

게다가 학교는 폭력과 비웃음이 가득한 곳이기도 했다. 당시에 대학의 숫자는 지원자에 비해 턱없이 적었다. 어차피 대학에 가는 아이들은 3분의 1이 채 못 되었다. 나머지는 재수 끝에 군대로, 취업 전선으로 발길을 돌려야 했다. 학년이 올라갈수록, 교실은 살벌해졌다. 뒷자리에 모여 앉은 아이들은 앞쪽 '대갈이'들을 경멸했다. '대갈이'란 '대학 갈 아이들'이라는 뜻이었다. 반면, 공부하는 아이들은 '대포족'과 마주하기를 꺼렸다. '대포족'이란 '대학을 포기한 족속들'의 준말이었다.

학교는 70퍼센트의 아이들에게는 미래가 없는 곳이었다. 집과 밖 어디에서도 쉴 곳 없는 아이들에게는 혼날 일밖에 없는 학교가 즐거울 리 없었다. 쉬는 시간에는 툭하면 싸움이 났다. 학교의 구석진 곳곳에서 '결투'도 심심치 않게 벌어졌다. 영화 〈말죽거리 잔혹사〉의 풍경은 우리 시대의 일상이었다.

나는 다행히 '대갈이' 무리에 끼었다. 하지만 마지못해 따라가고 있을 뿐, 나 역시 입시 체질은 아니었다. 아침 일찍부터 저녁 늦게까지 이어지는 보충 수업과 야간 자율 학습을 쫓아가기는 했다. 그러나 그게 전부였다. 도무지 성적은 오르지 않았다. 특히 수학이 그랬다. 수학은 평균점 부근에서 절대로 나아지지 않았다. 어찌 보면 제대로 공부한 과목은 수학뿐이었는데도 그랬다.

내 기억이 맞는다면, 나는 국어를 공부해 본 적이 없다. 입담 좋았던 선생님들의 수업은 재미있었지만, 교실 밖에서까지 교과서를 파기는 싫었다. 그냥 내가 좋아하는 책을 읽었다. 영어도 마찬가지다. 그 당시 인기를 끌던 영어 참고서 두 권을 뗀 뒤로는, 3년 내내 에리히 프롬의 『사랑의 기술』을 사전을 뒤적이며 읽었을 뿐이다. 또한, 라디오 영어 회화를 즐겨 들었다. 그럼에도 국어와 영어 점수는 아주 잘 나왔다.

입시는 나에게 불가사의하기만 했다. 어떤 과목은 죽어라 해도 성적이 안 나오는 반면, 어떤 분야는 대충 해도 성과가 쏟아지는 아이러니한 현실! 다른 친구들은 더 심했다. 논리 정연하고 '말발' 좋은 친구의 국어 점수는 왜 그토록 낮았을까? 수학으로 날고 기던 아이가, 학급 회계를 맡아서는 기초적인 산수 개념도 못 잡아 학급비 관리가 엉망이 된 적도 있었다. 미국에서 십수 년 살다 와서 원어민 같던 친구도, 정작 영어 시험에서는 80점을 넘지 못했다. '도대체 성적이 실력을 가늠해 주기는 하는 것일까?' 의문은 꼬리를 물었다.

다중 지능, 입시의 비밀을 푸는 코드

교사가 된 뒤로도, 이 물음은 여전히 나에게 풀어야 할 숙제였다. 한 가지는 분명해졌다. 적어도, 학창 시절의 시험이 '성실성'과 '승부욕'은 드러내 준다는 사실이다. 우등생들은 하나같이 성실했다. 그 아이들은 설사 노는 듯 보여도 자기 할 일은 철저히 했다. 더구나 자부심이 강해서 스스로 무너지는 꼴을 보지 못했다.

사회에서 명문대 출신을 좋아하는 데는 이유가 있다. 학교 다닐 때 공부를 잘했다면, 적어도 성실하고 도전적이라 보아 줄 만하기 때문이다. 그렇다면 일하는 데 필요한 실력은? 여기서 나는 고개를 갸웃하게 된다. 명문대 경영학과를 나왔다 해서, 중졸 학력의 가게 주인보다 반드시 경영을 더 잘한다고 할 수 있을까? 문학 박사라 해서 모두 다 기가 막히게 소설을 쓰는 것도 아니다. 교사 자격증이 없는 학원 선생님이 명강사로 존경받는 경우도 흔하다. 그렇다면 도대체 시험은 어디까지 실력을 보여 줄 수 있을까?

이런 의문에 힌트를 준 책이 하워드 가드너(Howard Earl Gardner, 1943 ~)의 『다중 지능』이다. 그에 따르면, 사람의 지능은 여러 갈래로 되어 있다. 음악 지능, 신체 운동 지능, 논리 수학 지능, 언어 지능, 공간 지능, 인간 친화 지능, 자기 성찰 지능, 자연 친화 지능이 그것이다.

사람들은 대부분 이 가운데 한두 가지 정도에서만 뛰어난 모습을 보인다. 그렇다면 교육도 여기에 맞추어 이루어져야 한다. 기계를 만지는 데는 소질이 있지만 언어 지능은 영 떨어지는 학생이 있다고 해 보자. 이 학생에게는 글쓰기를 억지로 시켜 봐야 별 효과가 없다. 차라리 이들이 기계 사용 설명서를 읽고 써 보면서 언어 능력을 키운다면 어떨까? 신체 운동 지능은 남다르지만 논리 수학 지능이 떨어지는 학생들도 마찬가지다. 이들에게 수학 문제를 억지로 풀게 해 봤자, 끔찍한 고문으로만 여길 뿐이다. 왔다 갔다 할 때 걸리는 시간을 따져서 수영장의 전체 길이를 재는 방법으로 수학을 가르치는 것이 더 낫다.

가드너에 따르면, 학교 시험은 언어 지능과 논리 수학 지능이 높은 학생들에게만 유리하다. 시험 문제 자체가 언어로 물음을 던지는 까닭이다. 답을 하려면 논리적으로 선택지를 하나하나 따져야 한다. 뛰어난 축구 선수들은 상대 선수의 빈자리를 기가 막히게 찾아낸다. 아마도 공간 지능이 대단히 뛰어날 테다. 하지만 그들이 공간 지능을 묻는 오지선다형 물음에서도 꼭 좋은 성적을 받을까? 십수 년 택시를 몬 베테랑 운전사들도 정작 운전면허 시험에 떨어지는 경우도 적지 않다. 이는 모든 능력을 언어 지능과 논리 수학 지능의 틀로 가르려 했기 때문에 생긴 문제들이다.

다빈치는 수능에서 몇 점을 받을까?

레오나르도 다빈치(Leonardo da Vinci, 1452~1519)는 대표적인 '르네상스형 천재'다. 르네상스형 천재란 모든 분야에서 뛰어난 능력을 지닌 사람들을 말한다. 그는 해부학자, 건축가, 발명가, 지리학자, 수학자, 군사 과학자, 음악가, 화가, 철학자, 물리학자에 도시 계획가이기도 했다. 괴테(Johann Wolfgang von Goethe, 1749~1832)도 마찬가지다. 그는 뛰어난 시인이었고 유능한 관료이기도 했다.

이들의 두루두루 갖추어진 능력은 여러 분야에서 빛을 발했다. 만약 이들이 우리나라의 수학 능력 시험을 본다면 어떨까? 르네상스형 천재가 입시 수재도 될 수 있을까? 아마도 아닐 듯싶다. 입시 수재가 되려면 생각이 무한히 뻗쳐 나

가게 해서는 곤란하다. 그러면 실수가 늘어난다. 교과서 지식을 반복해 습득하는 것이 높은 점수를 받는 지름길이다. 적당히 자신의 생각을 꺾어 버릴 줄 알아야 된다는 뜻이다.

하지만 세상을 이끌어 나가는 이들은 대부분 르네상스형 천재다. 아인슈타인(Albert Einstein, 1879~1955)은 물리학 재능만큼이나 뛰어난 문장가로도 유명했다. 빌 게이츠(Bill Gates, 1955~)는 컴퓨터뿐 아니라 사회를 보는 넓은 안목으로도 이름이 높다. 뛰어난 지도자치고 전공 분야에서만 특출했던 인물은 드물다. 예컨대 세종대왕(世宗大王, 1397~1450)은 과학 기술에서 시문(詩文)에 이르기까지 두루 관심이 많았다.

우리만큼이나 입시 산업이 발달한 일본은 어떤가. 일본 대기업은 성실하고 말 잘 듣는 사람들로 넘쳐 난다. 입시가 길러 낸 인재들이라 할 만하다. 그러나 세계가 주목하는 창의적인 인재들이 얼마나 있는지 손꼽아 보면, 일본인들이 왜 미래를 불안해하고 교육 개혁에 목소리를 높이는지 이해가 된다.

사회학자 이반 일리치(Ivan Dominic Illich, 1926~2002)는 학교의 '숨겨진 교육 과정'에 눈길을 돌린다. 학교에서는 인내하고 도전하고 성취할 것을 강조한다. 하지만 우리 학생들이 배우는 것은 정반대다. "나는 참을성 없는, 성공하지 못한 사람이다"라는 것만 반복해서 익힐 뿐이다. 명문대에 들어가야 '성공'으로 인정받는 상황, 대부분 학생들은 어차피 성공과는 거리가 먼 쪽에 있다. 이들은 반복되는 경쟁에서 패배감만 배운다.

도대체 해법은 무엇일까? 가드너를 통해 최소한의 출구는 뚫을 수 있다. 언어 지능과 논리 수학 지능으로 쏠려 있는 평가 방법을 바꿔야 한다. 그다음은? 그래도 여전히 물음은 열려 있다. 물론 교육은 하루아침에 바뀌기 어렵다. 그러나 변해야 한다는 점은 분명하다. 우리의 미래를 짊어질 인재들은 입시형 수재가 아닌 르네상스형 천재여야 할 테니까.

성적

조금 더
생각해 보기

토머스 에디슨(Thomas Edison, 1847~1931)은 "천재는 99퍼센트의 노력과 1퍼센트의 영감으로 이루어진다"라는 명언을 남겼습니다. 사람들은 이 말을 노력을 많이 하면 누구나 위대해질 수 있다는 의미로 받아들여요. 하지만 에디슨이 말하려 했던 바를 "아무리 노력해도 1퍼센트의 영감이 없다면 절대 천재가 되지 못한다"라고 해석하는 사람들도 있습니다. 어느 쪽의 해석이 맞을까요?

인생

진
도
표

삶의 낙오자는 언제 결정될까?

1999년 8월 18일은 노스트라다무스(Michel de Nostradamus, 1503 ~ 1566)가 '지구 멸망의 날'로 꼽았던 날이다. 나는 노스트라다무스의 책이 베스트셀러였던 1980년대 후반에 고등학교에 들어갔다. 하지만 내게는 그 불길한 예언이 전혀 가슴에 와닿지 않았다. 1999년이면 나는 스물아홉 살, 열일곱 나이에 스물아홉은 너무 먼 미래였다.

오히려 내게는 바짝 다가온 대학 입시가 지구 멸망보다 무서웠다. 어떤 대학을 가느냐가 미래의 내 '신분'을 결정한다는 위협에 시달렸던 탓이다. 사람이라면 누구나 살면서 거쳐야 할 단계가 있다. 태어나 한 살이 되면 돌잔치를 하고, 여덟 살 무렵이면 초등학교에 들어간다. 그 뒤로는 중학교, 고등학교를 차례로 마쳐야 한다. 다음으로는 대학 진학 혹은 군 입대, 취직과 결혼, 출산 등등이 줄줄이 기다리고 있다. 이는 대한민국 사람이라면 거쳐 가야 할 '인생 진도표'다. 이 가운데 대학 진학은 삶의 질을 가늠하는 승부처나 다름없다. 열일곱 살이던 나에게 이는 너무도 당연했다.

성경의 시편에도 '우리의 인생은 70세'라는 구절이 나온다. 그렇다면 인생의 절정은 서른다섯이다. 이 무렵에 가장 높이까지 올라간 사람은 남은 35년을 편안하게 지낼 수 있다. 비행기도 이륙할 때가 가장 위험하고 힘들지 않던가. 일단 높이 올라 항로에 접어들면 편안하게 날 수 있다. 대학 입시는 인생을 론칭(launching)하는 단계다. 높은 학벌의 세계로 날아올라야 인생이라는 항로를 편안히 날 수 있을 테다. 따라서 좋은 대학 졸업장은 '35세까지'라는 인생의 전반전을 승리로 이끄는 강력한 무기로 여겨졌다.

망가지는 인생 진도표

세월이 흘러, 나도 입시의 기억이 까마득한 나이에 접어들었다. 지구가 멸망한다던 1999년도 별일 없이 지나갔다. 그리고 그 뒤로 다시 10년이 흘러, '인생의 정점'이라는 35세도

넘어서 버렸다. 오래전 '인생의 론칭'에 실패할까 봐 가슴 졸이던 친구들은 지금 어떻게 살고 있을까?

"학교의 모범생이 사회의 모범생은 아니다"라던 격언은 과연 진실이었다. 바야흐로 삼팔선, 사오정의 시대가 열린 것이다. 삼팔선이란 38세면 직장에서 내몰린다는 뜻이고, 사오정은 45세가 정년이라는 의미다.

좋은 직장에 발을 들여놓으면 평생이 보장되던 시절은 지나갔다. 명문 대학에 입학했다고 환한 웃음을 짓던 친구들도 별반 다르지 않았다. 대부분은 첫 직장에서 나와 새로운 삶을 준비하고 있다.

그럼에도 여전히 이 땅의 많은 10대들은 예전의 인생 진도표를 굳게 믿고 있다. 인생의 성공이 대학 입시에서 판가름 난다며 마음을 다잡는다. 하지만 그들 대부분은 직장을 얻고 결혼해서 아이를 낳고 키우다가 편안하게 노년을 맞는 예전의 진도표대로 살지 못할 것이다. 예전의 인생 진도표는 이미 망가져 버렸다. 숨 가쁘게 바뀌는 시대, 인생을 대비하는 방법도 달라져야 하지 않을까?

'사추기'의 등장, 유혹의 시기가 된 40대

사춘기(思春期)는 인류에게 퍽이나 낯선 시기다. 100여 년 전만 해도 사춘기는 아예 없었다. 열다섯, 열여섯이면 벌써 논밭에 나가 일을 해야 했고, 결혼도 그 무렵 이루어졌다. 아이에서 곧바로 어른이 되는 꼴이었다.

생활이 넉넉해지고 기술이 발달하자, 아이들을 교육하는 기간도 늘어났다. 사춘기는 그렇게 등장했다. 어린아이는 아니지만, 그렇다고 배우는 것 말고는 딱히 할 일이 없는 시기가 생겼다는 뜻이다. 그래서 사춘기는 불안하다. 주변 사람들은 어른을 대하듯 자신에게 큰 기대를 걸지만, 막상 자신이 할 수 있는 것은 많지 않기 때문이다.

이제는 사춘기를 넘어서 사추기(思秋期)가 생겨나고 있다. 사추기란 40대를 즈음한 시기를 말한다. 공자는 나이 사십을 불혹이라 했다. 나아갈 길이 분명해져서 더 이상 흔들리지 않게 된다는 뜻이다. 그러나 경영학자 구본형은 40대를 '불혹이 아닌 유혹의 시기'라고 잘라 말한다.

대한민국에서 40대는 새로운 미래를 준비해야 할 시기로 굳어졌다. 20대에 잡은 첫 직장에서 정년을 맞는 이들이 얼마나 되는지 떠올려 보라. 대부분은 40대 무렵이면 새로운 인생길을 찾아야 한다. 청소년기에는 호르몬의 변화가 심해서 기분이 하루하루 널을 뛴다. 사추기도 별반 다르지 않다. 이 시기에는 사춘기만큼이나 몸 안에서 큰 변화가 일어난다. 해야 할 일은 많은데 몸과 마음이 따라 주지 않는 '중년의 위기'는 사춘기와 꼭 닮은 꼴이다.

청년 실업 문제가 점점 심각해지고 있다. 어렵게 직장을 구해도 몇 년 버티기 힘들다. 생각할수록 미래는 암담하기만 하다. 도대체 어떻게 미래를 준비해야 할까?

슈테판 볼만(Stefan Bollmann, 1958~)은 이런 현실에 가슴 졸일 필요 없다며 위로를 건넨다. 지금의 40대는 예전의 30대보다 더 건강하다. 거리에 나가 보아도 노인 같은 60대를 찾아보기가 쉽지 않다. 이제는 60, 70대에게도 '아저씨, 아주머니'라고 불러야 예의에 맞을 듯한 느낌이다.

인생은 길어졌다. 한 세대 전만 해도 60세를 넘겨 살면 '환갑'을 맞았다며 축하를 건넸지만, 지금은 누구나 80세 정도의 수명을 기대하곤 한다. 지금의 10대가 40대가 되었을 때는, 평균 수명 100세가 당연하게 여겨질지도 모르겠다.

19세기까지 유럽 사람들은 인생을 10단계의 피라미드 모양으로 표시했다. 태어나서 50세까지의 다섯 단계는 올라가는 계단이고, 50세 이후는 내리막만 계속된다. 하지만 지금의 인생 단계는 오르막만 있는 에스컬레이터 같다. 지금은 70대가 운동을 즐겨도 이상하게 보이지 않는 시대다.

괴테는 60세에서 80세까지의 시기를 '세 번째 청춘'이라고 말했다. 실제로 그는 이 시기에 가장 활발하게 작품을 썼다. 관료 일이나 자문 역할에서 벗어나, 그의 모든 시간을 오롯이 글 쓰는 데만 쏟을 수 있었던 까닭이다.

19세기에 괴테는 매우 특별한 사람으로 여겨졌다. 그렇지만 오늘날에는 괴테처럼 산다 해도 하나도 이상할 게 없다. 노년은 이미 예전의 끔찍함을 벗어났다. 50세 이후는 더 이상 병들어 자리보전밖에 못 하는 시간이 아니다. 은퇴한 뒤 취미 생활에 한껏 매달리는 사람들을 찾아보기란 어렵지 않다. 노년이란 40대의 '사추기'를 거쳐 또 한 번 새로운 인생을 펼쳐 나가는 시기인 것이다.

생물학자 최재천은 "인생을 이모작하라"라고 권한다. 50대 전의 인생이 전반기 삶이라면, 그 이후는 후반기 삶이다. 더 이상 노년기는 없다. 후반기 인생이 있을 뿐이다.

인생을 이모작하라

더욱 구체적으로 논의를 좁혀 보자. 우리는 길어진 인생을 어떻게 살아야 할까? 우선, 모든 순간에 지금보다 최선을 다해 살아야 한다. 인생이 길어졌다고 해서 대학 입시나 취업 준비가 덜 중요해지지는 않는다. 정신 의학자 빅터 프랭클

(Viktor Emil Frankl, 1905 ~ 1997)은 인생은 뜯겨 나가는 달력 같이 스러지지 않는다고 말한다. 오히려 인생은 곡식을 채우는 창고에 가깝다. 열심히 노력해서 가득 채워진 과거는 결코 사라지지 않는다. 이렇게 완성된 과거는 누구도 없앨 수 없다. 누가 뭐라 하건, 나에게는 의미 있는 순간이었으니까 말이다.

앞으로 세상은 지금보다 더 심한 변화를 겪을 것이다. 과거의 트랜지스터 기술은 반도체 칩이 나오면서 쓸모없게 되었다. 그렇다면 이제 당시 기술자들의 노력은 헛일에 지나지 않게 된 것일까? 결코 그렇지 않다. 그들 가슴에 남아 있는 뿌듯함은 누구도 앗아 가지 못한다. 내가 지금 하는 일도 마찬가지다. 빠르게 변하는 시대, 내가 온 힘을 쏟아 이룩해 낸 것들이 쓸모없어지는 일은 더욱 많이 일어날 것이다. 그렇다고 실망할 필요는 없다. 최선을 다했다는 자부심만은 결코 사라지지 않기 때문이다. 후회는 최선을 다하지 않았을 때에만 찾아오는 법이다.

이와 더불어 포기하지 않는 마음을 가져야 한다. 미국 미네소타 의학 협회는 '노인'의 기준을 이렇게 정했다. 첫째, 스스로 늙었다고 느낀다. 둘째, 자신이 배울 만큼 배웠다고 여긴다. 셋째, "이 나이에 그런 일을 뭐 하러 해"라며 투정 부린다. 넷째, 자신에게 미래는 없다고 느낀다. 다섯째, 젊은

층의 활동에 아무런 관심이 없다. 여섯째, 듣기보다 말하기를 즐긴다. 일곱째, 좋았던 시절을 그리워한다.

이 기준에 따르면 여러분도 혹시 '애늙은이'에 들지는 않는가? 입시에 주눅 들었을 뿐인데도 자신에게 미래는 없다고 여긴다, 아무 근심 없었던 어린 시절을 그리워하며 현실에 절망한다, 이미 머리가 굵어졌으니 다른 시도를 하기에는 늦다고 좌절한다……. 이런 상태라면 여러분은 앞으로 남은 90년을 노인으로 보내게 될 것이다.

반면, 우리 주변에는 60, 70줄에 들어섰어도 실패를 딛고 일어서려는 젊은 노년, '욜드(YOLD, young old)족'도 많다. 인생 100세를 바라보는 시대. 나이는 말 그대로 숫자일 뿐이다. 스스로 포기하지 않는 한 인생의 낙오자란 없다. 꿈만 버리지 않는다면 여러분은 영원히 달릴 수 있다.

조금 더
생각해 보기

　　'인생 이모작' 시대에 맞게 내 미래 희망을
적어 봅시다. 삶의 시기를 나누고, 제1 경력, 제2 경력,
제3 경력…… 순으로 나열해 봅시다.

말하기와 글쓰기

설득력은 논리에서 오는가?

말 못하고 글 못 쓰는 아이

초등학교 시절, 나는 말을 심하게 더듬었다. 글씨도 괴발개발이었다. 주변의 걱정은 둘째 치고, 나 자신부터 미칠 지경이었다. 뭔가 할 말이 있어도, 혀가 움직여 주지 않으니 얼마나 답답했겠는가. 글씨도 마찬가지였다. 나는 책을 많이 읽는 아이였다. 동네 책방에서는 내가 읽을 어린이 책을 더 이상 구하기 어려울 정도였다. 하지만 이렇게 쌓은 지식을 야물게 글로 풀어내지는 못했다. 아무리 정성껏 일기를 써도, "도대체 글씨가 이게 뭐냐, 알아볼 수가 없잖아!"라는 선생님의 야단이 되돌아올 뿐이었다.

생각해 보면 말더듬과 악필은 독서량과 상관있었을 듯싶

다. 아이들이 운동장에서 뛰어놀 때, 나는 방 안에서 책을 읽거나 상상에 빠졌다. 어린 시절 나는 독서 중독 상태였다. 동화책 속의 세상은 너무도 아름답고 완벽했다. 이야기 속의 왕자와 공주들은 코흘쩍이 친구들보다 훨씬 멋졌다. 책 속에는 나를 괴롭히는 거친 친구들도 없었다. '찌질한' 현실에 비하면 얼마나 황홀한가!

책을 가까이했던 나는 당연히 말과 글도 빨랐다. 문제는 돌아가는 생각만큼 내 입과 손이 따라 주지 못한다는 데 있었다. 생각은 느린 입에 꽁꽁 묶여 버렸다. 서두르면 말이 더욱 막혔다. 여러 사연이 한꺼번에 터져 나오려 하니, 얼른 내 혀가 백기를 들 수밖에……. 글도 마찬가지였다. 생각의 속도에 비해 내 팔의 움직임은 너무 굼떴다. 힘이 잔뜩 들어간 손가락으로 안간힘을 썼으나 역부족이었다. 이렇게 생긴 말더듬과 악필은 내 어린 시절을 온통 칙칙하게 만들었다. 남들에게 나는 그저 말 못하고 글 못 쓰는 아이였을 뿐이다.

미스터 시기상조

착잡한 처지는 고등학교 때도 별다르지 않았다. 얌전히만 있었다면 내 말더듬과 악필은 두드러지게 드러나지 않았을 테다. 하지만 하필이면 내 고교 시절은 군부 독재가 막을 내리던 시기였다. 1987년 5월, 강 건너편 대학에서 매운 최루탄 연기가 매일같이 넘어왔다. 친구들도 변화에 대한 바람으로 달떠 있었다. 짬만 나면 사회 문제를 놓고 열띤 토론이 오갔다. 학급 회의 시간은 정치 토론의 장이 되곤 했다. 물론, "청소를 잘하자" 같은 '껄렁한' 주제들이 내걸리기는 했지만, 아이들은 '기타 토론' 시간을 이용하여 관심사들을 털어놓았다.

'미스터 시기상조'라는 내 별명은 이때 생겼다. 격변하던 세상, 나 역시 할 말이 무척 많았다. 하지만 가슴만 벅찰 뿐, 내 생각은 도무지 정리가 되지 않았다. "저, 저, 저는…… 시, 시, 시기, 상, 상조라고 생각합니다……. 음…… 음……." 일어서서 내가 말했던 것은 그게 전부다. 내 발언은 항상 '시기상조'에서 잘려 나갔다. 더듬거림에 나만큼 민감했던 반장이 "알겠습니다. 그다음 발언하실 분?"을 외쳤기 때문이다. 얼마나 억장이 무너지던지!

말더듬과 악필의 답답함은 대학 시절에도 마찬가지였다. 동기들은 하나같이 똑똑하고 말을 잘하는 듯했다. 죽은 마르크스(Karl Heinrich Marx, 1818~1883)가 살아난다 해도 내 친구들만큼 연설을 잘하지는 못했을 것이다. 예리한 생각과 화려한 언변으로 빛나는 영웅들이 주변에 너무도 많았다. 반면, 나는 영웅은커녕 교양 국어 숙제에서도 낙제를 받는

형편이었다. 그때 교양 국어 강좌에는 한 달에 네 편의 독후감 과제가 있었다. 내용이 교수님 눈에 차지 않으면 다시 써야 했다. 나는 매번 독후감을 다시 써냈다. 심지어 세 번이나 반복해 냈던 때도 있다.

　나는 정말 심각하게 좌절했다. 나는 무척 많은 책을 읽어왔다. 한 해에 대학 노트 십수 권을 채울 만큼 습작도 게을리하지 않았다. 그런데도 독후감조차 낙제라니, 과연 사회생활이나 제대로 할 수 있을까 하는 걱정이 밀려왔다.

자기 문장으로 정리하여 외워라

절실한 것은 눈에 띄게 마련이다. 말더듬과 '논리 무개념'으로 고민하던 대학교 2학년 시절, 벤저민 프랭클린(Benjamin Franklin, 1706 ~ 1790)의 『프랭클린 자서전』을 읽다 다음 구절이 눈에 확 들어왔다.

　나는 우연히 『스펙테이터』라는 헌 잡지를 구했다. (……) 나
　는 몇 번이고 잡지를 되풀이해서 읽었다. 그 가운데 훌륭
　한 글들을 모방하고 싶었다. 잡지에 실린 글에서 문장을 골
　라 뽑았다. 문장의 의미를 짧게 추려 내어 며칠 동안 그대
　로 두었다. 그러곤 책을 펼치지 않은 채로 골라낸 글을 옮겨

보았다. 적당한 표현으로 말이다. 그다음에는 책에 있는 원래 문장과 내가 적은 문장을 비교해서 잘못된 점을 고쳤다. (……) 나는 이야기를 골라내어 시로도 옮겼다. 그러곤 내용을 거의 다 잊었을 때쯤 시를 다시 이야기로 바꾸어 보았다. 때로는 골라 뽑은 문장들을 뒤섞어 두었다가 몇 주 뒤에 올바른 순서로 맞추어 보기도 했다. 이런 식으로 나는 생각을 정리하는 방법을 익혔다.

옛 선비들도 글을 배울 때 공자나 맹자의 글을 외우고 또 외웠다. '모방은 창조의 어머니'라는 말도 있지 않던가. 일단 글을 배우려면 외우고 익혀야 한다. 단 앵무새처럼 똑같이 옮겨서는 안 된다. 자기 문장으로 정리해서 옮겨야 한다.

프랭클린의 방법대로 나는 읽은 책을 내 문장으로 바꾸어 정리했다. 그러곤 달달 외웠다. 처음에는 토씨까지 그대로 외웠다. 오른손 가운뎃손가락에 펜 혹이 높이 솟아올랐지만 개의치 않았다. '말 못하는 고통'에서 벗어나고 싶었던 마음이 너무 절실했던 까닭이다.

암기는 생각보다 머리를 많이 써야 하는 일이다. 이해하지 못하고 외우기란 정말 어렵다. 제대로 외우려면 먼저 내용을 완전히 소화해야 한다. 또한 문장이 길고 너저분하면 깔끔하게 머리에 넣을 수 없다. 아울러 주장과 근거의 가닥을 제대로 잡아야 내용이 술술 풀려나온다. 그렇게 읽은 책의 내용을 다시 정리하고 외우는 데 1년여를 보내고 나자, 문장이 다듬어지고 말문이 트이기 시작했다.

태권도 품새를 익히는 데는 반복이 중요하다. 거듭해서 동작을 익히다 보면, 실전에서도 멋진 동작이 튀어나온다. 나만의 문장으로 정리하여 외우는 훈련은, 나에게 글쓰기 품새를 익히는 과정인 셈이었다.

호감을 사는 일은 논쟁의 승리보다 이롭다

대학을 졸업할 즈음, 어느덧 나는 논쟁가가 되어 있었다. 글과 말로 상대를 무너뜨리는 일은 짜릿했다. 치열한 논쟁 끝에는 겨루기에서 상대에게 한판승을 거둘 때의 쾌감이 있다. 하지만 당시에 내가 놓쳤던 부분이 있었다. 『프랭클린 자서전』에는 이런 구절도 있다. "논쟁을 즐기는 습관은 나쁘다. 이런 습관이 몸에 배면 남과 부딪치게 되어 단체 안에서 심한 갈등을 일으킨다. 대화를 불쾌하게 만들어 버리고, 우정을 쌓기는커녕 혐오와 적대감만 일으킨다." 프랭클린이 자신의 10대를 떠올리며 썼던 반성의 글이다.

그는 또 이렇게도 말한다. "사람은 제대로 일을 할 때 가장 큰 만족감을 느낀다. 일에 빠져 지내는 동안에 사람들은 솔직하고 쾌활하다. 보람찬 하루를 보냈다는 뿌듯함으로 밤 시간도 즐겁게 보낸다. 그러나 비가 오는 등등의 이유로 쉬는 날에는 공연히 트집 잡고 싸우기 일쑤다. 돼지고기와 빵이 맛이 없다느니 하면서 하루 종일 짜증을 낸다."

예나 지금이나 철학과 졸업생은 스트레스가 많다. 취직이 쉽지 않은 인문학 전공, 게다가 나는 군대까지 마치지 않은 상태였다. 연애도, 공부도 꼬여만 갔다. 매사에 짜증 내며 공격적이었던 데에는 이런 상황 탓도 있었을 듯싶다. 그러니 "사람들의 호감을 사는 일은 논쟁의 승리보다 훨씬 더 이롭다"라는 프랭클린의 충고가 귀에 들어올 리 없었다. 더욱더 적극적으로 논리를 펼칠수록, 논리 감각이 절정에 이를수록 사람들은 내게서 점점 더 멀어져 갔다. 말더듬이 시절의 외로움은 논리의 달인이 되어서도 사라지지 않았다. 오히려 고독함에 교만함과 우울함까지 더한 꼴이 되었다.

겸손한 질문자가 되어 논쟁을 벌여라

나는 '확실히', '틀림없이' 같은 단정적인 어투를 쓰지 않겠다고 결심했다. 그 대신 "저는 이렇게 생각합니다", "이렇게도 해석되겠지요", "현재로서는 그렇게 보입니다"라고 말하기로 했다. 남의 말에 대꾸할 때는, "때와 장소에 따라서는 당신의 생각이 옳을 듯합니다. 하지만 지금으로서는 조금 그른 점이 있는 듯합니다", "저로서는 이런 생각이 듭니다"라는 식으로 말했다. (……) 겸손한 태도로 의견을 말하자 사람들은 내 견해를 훨씬 잘 받아들였다. 반대는 되레 적어졌다. 내 말이 틀렸다 해도 심한 창피를 당하지 않았다.

프랭클린에 따르면 설득의 목적은 굴복시키는 데 있지 않다. 논쟁의 목표는 상대가 나와 같이 생각하고 느끼게 하는 데 있다. 그러려면 절대 상대에게 모욕을 주어서는 안 된다. 성내시는 부모님 말씀에는 짜증이 나지만, 내 말에 고개를 주억이는 친구의 충고에는 쉽게 마음을 여는 것은 이 때문이다.

프랭클린의 이런 충고는 서른이 넘어서야 비로소 가슴에 와닿았다. 프랭클린은 소크라테스(Socrates, 기원전 470? ~ 기원전 399)에게서 지혜를 얻었다고 고백한다. 나는 군대 생활 동안 프랭클린이 읽었다던 『소크라테스 회상』을 접했다. 소크라테스의 제자인 크세노폰(Xenophon, 기원전 431 ~ 기원전 350?)이 스승의 사상을 소개한 책이다. 프랭클린은 소크라테스를 '겸손한 질문자가 되어 논쟁을 벌인 사람'으로 소개한다. 혼자 잘났다고 나서는 '떠버리'보다는 "제가 잘 몰라서 그러는데……"라며 문제를 정중하게 짚어 내는 질문자가 더 설득력이 높은 법이다. 세상은 녹록지 않아서, 누구도 독불장군으로 지내지는 못한다. 그러면 자기뿐 아니라 주변 사람도 힘들어진다. 정당한 이야기를 하되, 상대를 최대한 배려할 것. 삶은 그 자체로 성현들의 가르침이 옳음을 내게 입증해 주었다.

진정한 설득력의 근원

또 한 가지 놓친 게 있다. 프랭클린은 아주 영향력이 큰 사람이었다. 그는 미국 독립 선언서의 기초를 놓았다. 젊은 시절 사업을 할 때는 상대에게 믿음을 주었고, 관료나 의회 의원으로 일할 때는 상대를 잘 설득하기로 유명했다. 기부금을 끌어모으는 재주도 남달랐다. 그가 지닌 힘은 논리 정연한 말에서만 나오지 않았다. 그는 인격적으로도 매력적이고 훌륭한 사람이었다.

중년의 어느 날, 그는 '도덕적으로 완벽해지기로' 결심했다. 그러곤 자신이 갖추어야 할 모습으로 '절제, 침묵, 규율, 결단, 절약, 근면, 정직, 정의, 중용, 청결, 평정, 순결, 겸손'을 정했다. 그리고 죽을 때까지 날마다 자기가 이런 덕목에 따라 살았는지 점검했다.

말 잘하는 이가 논쟁에서 승리를 거둘지는 모른다. 그러나 진정으로 상대의 마음을 사로잡지는 못한다. 말싸움으로 누른 상대가 오히려 나의 적이 될 때도 있다. 분을 삭이지 못해 억하심정을 품는 까닭이다.

진정 뛰어난 이들은 어눌한 말로도 상대를 감동시킨다. 소크라테스는 결코 달변가가 아니었다. 공자나 맹자가 꼭 '설득의 달인'이었던 것도 아니다. 정교한 논리나 말본새는 기술일 뿐이다. 훌륭한 인격이 뒷받침되지 않으면 진정한 설득력이 뿜어 나오지 않는다. 어느 분야에서나 권위자들은 그들의 논리와 설득을 통해 명성을 쌓았을 뿐 아니라 인격적으로도 존경받았음을 기억해야 한다.

"시는 감정을 드러내는 것이 아니라 감정에서 벗어나는 것이고, 개성을 드러내는 것이 아니라 개성에서 벗어나는 것이다."

시인 T. S. 엘리엇(Thomas Stearns Eliot, 1888~1965)의 말입니다. 쓰기와 말하기에는 감정과 소망이 담겨 있습니다. 말뜻을 풀기에 앞서, 절절한 마음을 놓쳐서는 안 됩니다. "어떻게 나한테 이럴 수가 있어?"라며 남들이 쏟아 놓는 비난에는 어떤 바람과 기대가 담겨 있을까요? 자신이 쏟아 내는 주장 뒷면에는 어떤 감정과 절실함이 담겨 있을까요? 논리에 앞서 내 마음을 먼저 짚어 봅시다.

중
독

중
독

) 중독 (

사람은 무엇으로 사는가?

"너 그렇게 살다가 어떻게 되려고 그래?"

알코올 의존자들도 처음에는 괴로워서 술을 마셨다고 이야기한다. 하지만 중독되고 나면 술 마실 핑계를 대기 위해 괴로운 일들을 만들어 낸다. 어디 알코올뿐이랴. 게임도 그렇다. 돌이켜 보면 나도 고3 때 게임 중독에 빠졌던 듯싶다. 학교 갈 때, 독서실 갈 때 등등 조금만 틈이 나도 내 발걸음은 어느새 동네 오락실로 향하고 있었다.

하지만 게임이 진짜 재미있어서 매달렸던 기억은 별로 없다. 그냥 습관적으로 게임을 했을 뿐이다. 지금은 가끔 게임 중독인 학생들에게 게임을 왜 하느냐고 묻곤 한다. 돌아오는 대답은 이렇다. "그냥…… 불안해서요."

중독자들이 늘 말하는 판에 박힌 대답이다. 나 역시 그랬다. 즐거워서가 아니라 초조함을 잊기 위해 게임을 했다. 적어도 게임에 빠져 있는 동안만큼은 근심을 잊을 수 있었기 때문이다. 그렇다고 하루 종일 게임만 하면 불안이 사라질까? 그렇지 않다. 게임의 능력치가 쌓여 갈수록 마음의 심란함도 늘어 갈 뿐이다. 알코올 의존도 다르지 않다. 괴로움을 잊는답시고 마시지만, 그렇게 마신 술은 고스란히 후회가 되어 돌아온다. 또다시 신산스러움을 감추기 위해 술을 마시고 그렇게 인생은 망가져 간다.

"너 그렇게 살다가 어떻게 되려고 그래?" 중독자들이 가장 두려워하는 질문이다. 방향을 잃은 삶, 하루하루 고민을 잊게 해 줄 뭔가를 찾아 발버둥치는 상황. 도대체 답이 나오지 않는다. 또다시 발걸음은 게임으로, 술과 담배로, 이성 친구에게로 향한다. 탈출구 없는 인생이다. 혹시 여러분도 이런 생활을 하고 있지는 않은가?

공부에 중독되는 법?

물론 중독이 꼭 나쁜 것만은 아니다. 부모님들은 항상 말씀하신다. "너 게임하듯 공부해 봐라. 당장 1등 할 테니." 맞는 말이다. 실제로 우등생들은 공부 중독자들이 대부분이다.

그들에게 공부하지 말고 일주일만 지내라고 해 보라. 불안, 초조, 불면 같은 금단 증상이 그대로 나타날 테다. 그뿐 아니다. 최고의 운동선수들은 대개 운동 중독 상태다. 몇 날 며칠을 지치지도 않고 연습에 매달리지 않는가. 중독되지 않고는 힘든 일이다. 예술가들도 크게 다르지 않다.

학생이 공부 중독에 빠졌다는데 걱정할 사람은 드물다. 일에 홀딱 빠진 일 중독자는 회사들이 반기게 마련이다. 이는 환영받는 중독, 이른바 '긍정적 중독'이다. 그렇다면 긍정적 중독에 빠져들 방법은 없을까?

심리학자 칙센트미하이(Mihaly Csikszentmihalyi, 1934 ~ 2021)는 『몰입』에서 그 방법을 친절하게 일러 준다. 첫째, 목표를 분명하게 하라. 둘째, 목표는 자기 능력에 맞아야 한다. 셋째, 노력의 보상은 즉시 주어져야 한다.

성적이 팍팍 오르는 학생들에게 물어보라. 대개는 공부에 매달리게 된 계기가 있게 마련이다. 몇 등을 올리면 어머니가 최신 스마트폰을 사 주시겠다고 약속했다든가, 자기를 무시하는 친구에게 뭔가를 보여 주고 싶었다든가 등등. 손에 잡힐 듯한 목표만 생겨도 방황은 이내 수그러든다.

그러나 너무 높고 버거운 목표는 오히려 의욕을 꺾어 놓는다. 게임을 할 때도 프로 게이머와의 한판은 재미는커녕 비참함만을 안겨 줄 뿐이다. 시합에 정신없이 빠져들 때는 나와 비슷하거나 조금 뛰어난 상대와 붙었을 때다. 조금만 더, 조금만 더, 그렇게 매달리다 보면 어느새 내 실력은 부쩍 자라 있다. 공부나 일도 그렇다.

마지막으로 보상은 곧바로 주어져야 한다. 공부한 결과를 10년 뒤에나 알 수 있다면 무슨 긴장이 되겠는가? 반면, 답안지를 내자마자 바로 30분 뒤에 성적이 나온다면? 상황이 확 달라진다. 먼 보상보다는 가까운 장래에 주어질 보상이 무엇인지 생각해 보라.

긍정적 중독에 빠진다면 내 인생은 확실하게 업그레이드될 듯싶다. 그러나 안타깝게도, 긍정적 중독도 어느 단계가 넘으면 소용이 없어져 버린다. 늘 1등만 하는 아이가 우울증에 빠지는 일은 흔하다. 앞만 보고 뛰던 일벌레가 마침내 정상에 우뚝 섰을 때, 그는 오히려 삶이 허탈하다고 푸념한다. 스크루지 영감도 그렇다. 돈만 많으면 행복할 줄 알았지만, 부자가 된 그에게 행복은 없었다. 더욱더 많은 돈을 바라게 됐을 따름이다.

그렇다면 공부에, 돈에, 성공에 매달리는 긍정적 중독자들은 과연 제대로 인생을 살고 있는 것일까? 그들도 알코올 의존자와 다를 바 없다. 중독에서 빠져나오는 순간, 그들 역시 불안감에 시달리게 될 테니까.

그렇다면 우리는 어떻게 살아야 할까? 분명한 사실은 무엇에 중독된 채로는 행복에 이를 수 없다는 점이다. 배곯을 때는 하루 세끼만 먹어도 소원이 없을 듯 여겨진다. 그러나 정작 끼니 걱정을 넘어서면 더 좋은 음식을 바라게 마련이다. 욕심이 채워질수록 빈 부분도 더 많아진다. 번듯하게 살면서도 정작 자신은 가난하다고 여기는 사람이 얼마나 많은가.

온전히 채워진 삶을 살려면 욕심을 뛰어넘어야 한다. 어린아이는 사탕을 빼앗기지 않으려고 앙탈을 부린다. 하지만 어른은 자기 사탕을 선뜻 남에게 권하기까지 한다. 사탕 따위는 고집 부릴 만큼 대수롭지 않다는 사실을 아는 까닭이다. 이처럼 인품이 자라나면 욕구도 따라서 바뀐다.

매슬로(Abraham Harold Maslow, 1908~1970)에 따르면, 욕구는 사다리와 같다. 처음에는 '생존의 욕구'가 일지만, 그다음에는 '안전의 욕구', '소속감의 욕구', '인정의 욕구', '자아실현의 욕구'가 사다리 올라가듯 차례차례 생겨난다.

전학생을 예로 들어 보자. 전학을 갈 때 가장 먼저 떠오르는 걱정은 무엇일까? 혹시 나를 괴롭힐 친구는 없을까 하는 두려움이다. 안전의 욕구란 이런 것이다. 시간이 흘러도 별달리 나를 해코지하는 친구가 없다면, 이제 소속감의 욕구가 찾아든다. 외롭지 않게끔 마음을 나눌 벗이 있으면 좋겠다는 마음이다.

시간이 더 지나 친구들을 많이 사귀게 되면, 욕구도 다음 단계로 나아간다. 이제는 단지 아이들과 친하게 지내는 것만으로는 부족하다. 친구들이 나를 인정해 주었으면 좋겠다. 마침내 모두가 알아주는 학생으로 우뚝 서면 욕구는 한층 더 자라난다. 누가 알건 모르건, 나는 내가 가진 가능성을 모두 이루었으면 좋겠다는 바람이다. 이른바 자아실현의 욕구다.

'정신적 어린아이'에서 벗어나는 길

이렇듯, 욕구가 생존 단계에서 자아실현의 욕구까지 계속 자라나는 이들은 건강하다. 그렇지만 우리는 대부분 어느 단계에서 성장을 멈춘 채 '정신적 어린아이'가 되고 만다. 스크루지의 욕심은 평생 안전의 욕구 수준을 넘어서지 못했다. 돈 한 푼에 벌벌 떨던 그에게 남들과 사랑을 나누는 삶은 아예 바라지도 못할 꿈이었다.

돈을 펑펑 쓰며 으스대는 이들은 어떤가. 가진 것이 사라지면 벗들도 자기를 버릴까 봐 전전긍긍한다. 지적 성장을 멈춘 탓에 이들은 인정의 욕구 다음으로 넘어서지 못한다. 그들은 그 대가로 평생 괴로움에서 헤어나지 못할 것이다.

진정으로 높은 경지에 오른 이들은 모든 두려움을 떨쳐 버린다. 최고의 자리에 선 사람들은 더 이상 돈도, 명예도 바라지 않는다. 왕자였던 석가에게는 부와 명예가 모두 주어져 있었지만, 주저 없이 그 이상의 세계로 넘어가 버렸다. 만약 그가 자아실현의 욕구로 거듭나지 않고 재산과 권력에 매달렸다면, 평생 돈 욕심과 외로움 사이에서 머리가 지끈거렸을 테다.

삶이 신산스럽고 고통스러운가? 한때 '전두엽 절제술'이 유행한 적이 있었다. 유독 거칠고 불만 많은 이들의 뇌 앞부분과 두뇌의 다른 부위가 연결되는 부위를 강제로 잘라 버리는 수술이다. 사실상 일부러 뇌에 장애를 입히는 셈이었다. 이런 처치를 받은 사람들은 마음의 상처를 잘 받지 않았다. 생각하는 능력이 떨어져 버린 탓이다. 과연 행복해지기 위해 지능을 스스로 떨어뜨리려 하는 사람이 있을까? 그렇지만 우리 가운데는 스스로를 이런 식으로 망가뜨리는 경우가 적지 않다.

조선 시대에 평민의 아들이 책을 좋아하면 부모는 호통을 치곤 했다. "그깟 책 봐서 뭐 하게! 그냥 밭이나 갈아." 평생 무지렁이로 살 팔자, 머리를 더 깨쳐 보았자 고통만 따를 테니 높은 단계의 욕망을 품지 못하게 부모가 경계했던 것이다. 현대 사회에서도 이런 일은 흔하다. "이런 책은 먹물들이나 보는 거야", "내 주제에 클래식 음악은 무슨……"과 같은 말들로 스스로의 성장을 가로막지는 않았는지 반성할 일이다.

삶이 쳇바퀴 돌듯 하고, 뭔가가 채워지지 않는 것처럼 허전한 기분이 찾아든다면 스스로 물어보자. 지금 나는 행복한가? 무엇을 할 때 나는 비로소 나답다는 느낌이 드는가? 진정 사람답게 사는 길은 무엇인가?

"사람은 무엇으로 사는가?"

조금 더
생각해 보기

톨스토이(Lev Nikolaevich Tolstoy, 1828~1910)의 단편 소설 「사람은 무엇으로 사는가」에서 주인공 미하일은 천사입니다.

그는 신에게 버림받고 구두장이 집에 얹혀 살지요. 그는 신이 내준 세 가지 물음의 답을 찾을 때까지는 용서받지 못할 처지입니다. 세 가지 물음은 "사람의 마음 안에는 무엇이 있는가?", "사람에게 허락되지 않은 것은 무엇인가?", "사람은 무엇으로 사는가?"였습니다.

미하일은 비렁뱅이가 된 자기를 쫓아내려다가 측은한 마음에 다시 받아 주는 구두장이의 아내 모습에서 첫 번째 물음의 답을 얻습니다. 온 세상이 미움과 증오로 가득해 보여도, 사람의 진짜 마음은 사랑으로 가득 차 있다는 것이지요.

그리고 당장 죽을 팔자이면서도 한 해 동안 신을 튼튼한 구두를 주문하는 부자에게서 두 번째 답을 깨닫습니다. 사람은 자기에게 지금 정말 필요한 것이 무엇인지 모른다는 사실이 그것입니다.

마지막 물음의 답은 자기가 벌을 받는 이유가 되었던 버려진 쌍둥이에게서 얻습니다. 천사 미하일은 아이들이 태어나자마자 그 어머니를 천국으로 데려오라는 명령을 받았습니다. 하지만 그는 아이들이 불쌍해서 차마 그럴 수 없었지요. 그러나 신은 쌍둥이가 주변 사람들의 사랑으로 부모 없이도 건강하고 행복하게 살아가고 있다는 사실을 보여 줍니다. 마지막 물음 "사람은 무엇으로 사는가?"에 대한 답은 이렇습니다. "사람은 자기 자신의 일을 걱정하기 때문이 아니라 그들 사이에 사랑이 있기에 살아간다."

이제 톨스토이의 유명한 세 물음을 자신에게 던져 봅시다.

첫째, 내가 가장 원하는 것은 무엇인가?

둘째, 내게 허락되지 않은 것은 무엇인가?

셋째, 나는 무엇으로 사는가?

여러분이라면 어떤 대답을 내놓을 건가요?

중독

이
미
지
메
이
킹

) 이미지 메이킹 (

나는 무엇으로 돋보이는가?

상상의 관중

심리학자들은 '상상의 관중'을 청소년 시기의 특징으로 꼽는다. 상상의 관중이란 모든 이들이 언제나 나에게 관심이 많으리라 '착각'하는 것을 말한다. 주변 사람들이 나의 일상에 관심이 많다고 생각하면 생활은 참 피곤해진다. 잠깐 가게에 갈 때도 그냥 나갈 수가 없다. 사람들의 시선이 의식되는 탓이다. 그러니 머리를 제대로 빗고 옷도 갖춰 입고 나가야 한다. 10분 외출하기 위해 한 시간여를 거울 앞에서 고민할 때도 있다. 머리 모양새가 마음에 들지 않아 끝없이 앞머리를 매만진다. 친구들이 보았을 때는 거기서 거기인데도 말이다.

하지만 과연 사람들이 나에게 그렇게 관심이 많을까? 스치고 지나가는 숱한 사람들 가운데 내 주의를 잡아끄는 이들이 얼마나 되는지 되물어 보자. 잠깐 관심을 끌었던 사람이 있다 해도 금세 머리에서 지워진다. 남들이 보았을 때 나도 마찬가지다. 엄마의 헤어스타일이 바뀐 사실을 얼마 만에 알아챘는지도 따져 보자. 우리는 주변 사람들에게 생각만큼 관심이 없다. 당연히 남들도 나에게 큰 관심을 가질 까닭이 없다. 괜히 나만 다른 사람의 시선에 민감할 뿐이다.

하지만 청소년 시기에 상상의 관중에게서 자유롭기란 매우 어렵다. 나 역시 다르지 않았다. 중학교 시절, 나는 셔츠 두 벌과 청바지 하나로 여름을 버텼다. 옷이 두 벌밖에 없어서가 아니었다. 장롱에는 여러 벌의 셔츠가 있었지만, 나의 손이 가는 옷은 정해져 있었다. 그 옷이 '유명 메이커'였기 때문이다. 나는 늘 알록달록한 우산이 그려진 '아널드 파머' 셔츠와 말 그림이 새겨진 '조다쉬' 청바지만을 입었다. 왠지 메이커를 입지 않으면 주눅이 들던 탓이다.

신발에도 왜 그리 민감했던지, 나이키나 아디다스를 신지 않으면 발이 오그라들곤 했다. 하지만 그렇게 비싼 신발을 신기가 어디 쉬운가. 교실 안에서는 '나이코', '아디도스' 같은 해괴한 짝퉁들이 판을 쳤다. 그렇게 해서라도 우리는 메이커를 입고 신어야 했다. 남들 사이에서 돋보이려면, 아니

이미지 메이킹

최소한 쪽팔리지 않으려면 그 정도는 갖추어야 했다.

우리는 왜 명품에 집착할까?

돌이켜 생각하면, 당시 나의 브랜드 집착은 꽤나 유치한 짓이었다. 하지만 한편으로는 이해되는 측면도 있다. 학생들은 다들 고만고만하다. 대개 '학생다운' 평범한 옷차림에 무난한 머리 모양새를 하게 마련이다. 그렇다고 돋보이고 싶은 욕망이 스러지는 것은 아니다. 이런 상황에서는 유난히 사소한 차이에 매달리게 된다.

몸에 딱 붙는 교복 바지가 왠지 멋져 보이지 않는가? 무릎 위로 1센티미터 더 올라간 교복 치마는? 하지만 어른들 눈에는 이런 차이가 전혀 눈에 들어오지 않는다. 모두 괜한 짓으로 여겨질 따름이다. 군인들도 그렇다. 외출할 때면 군복의 다림질 상태, 바지통 등에 신경을 쓴다. 그래봤자 다른 사람들에게는 그냥 '군인 아저씨'로 보일 뿐인데 말이다.

이런 상황에서 비싼 신발과 유명 브랜드는 단연 돋보이는 상징으로 떠오른다. "나는 남들과 달라" 하는 절절한 바람이겠지만, 이렇게 떠들고 다녔다간 외면당하기 십상일 테다. 자신의 남다름은 '은근히' 드러내야 한다. 이럴 때 눈에 띄는 브랜드만큼 효과적인 게 또 어디 있겠는가.

놀랍게도 학창 시절에 절절했던 유명 브랜드 집착증은 이제 어른들 세계로까지 이어진 느낌이다. 어른들의 명품에 대한 욕망은 학창 시절의 그것과 별달라 보이지 않는다.

유독 우리나라와 일본과 중국 같은 동아시아 국가에서 명품에 더 관심을 보인다고 한다. 정작 명품의 고향이라 할 만한 유럽인들은 여기에 별 관심이 없는데 말이다. 왜 그럴까? 데이나 토머스(Dana Thomas, 1964~)는 『보그』, 『하퍼스 바자』와 같은 잡지에 글을 기고했던 패션 전문 기자다. 그녀는 아시아 나라들의 명품 열풍을 이렇게 설명한다. 명품은 원래 유럽의 귀족과 상류층을 위해 만들어졌다. 하지만 유럽의 상류층은 명품에 집착할 이유가 없다. 대대로 명문가로 통했던 탓에, 그들 스스로 자신이 얼마나 잘난 인물인지를 뽐내야 할 까닭이 없기 때문이다. 큰 저택이나 성에 사는 그들은 겉모양새부터 서민들과는 확연하게 구분된다.

우리의 상황은 다르다. 서울이나 지방 대도시의 어지간한 아파트 한 채 가격만 해도 10억을 훌쩍 넘는다. 이런 현실에서 돈이 많다고 해서 대저택이나 성에서 살 수 있는 사람은 거의 없다. 사는 모습으로만 본다면, 그럭저럭 사는 사람이나 여유롭게 사는 이들이나 큰 차이가 없다. 게다가 우리나라 같은 동아시아권은 주변 사람들의 눈치를 많이 보는 문화다. 튀는 삶은 여간 피곤하지 않다. 그렇다면 도대체 무엇

이미지 메이킹

으로 나를 돋보이게 한단 말인가?

명품은 여기에 답을 준다. 값비싼 핸드백이나 구두는 나의 부유함을 티 나지 않게 드러내 준다. 자신이 얼마나 격이 다른 존재인지를 은근히 알려 주는 수단이라는 말이다. 문제는 너도나도 명품을 주섬주섬 갖춰 다니기 시작할 때 생긴다. 남들도 다들 명품으로 치장한다면, 나도 뒤떨어지지 않기 위해 뭔가 그럴듯한 '작품' 하나는 갖추어야 하지 않겠는가. 이런 조바심 속에서 명품은 '대중화'되어 버린다.

하지만 조금 더 생각해 보자. 과연 우리는 다른 사람들이 명품을 걸쳤는지 아닌지에 그렇게 많이 신경을 쓸까? 많은 명품족이 '상상의 관중'에 매달려 스스로 주눅 들고 있지는 않을까? 명품에 대한 목마름은 청소년 시기의 집착과 닮은 꼴이다.

파블로프의 개, 명품을 설명하다

나아가, 데이나 토머스는 놀라운 사실을 일러 준다. "우리가 명품이라고 알고 있는 것들 자체가 사실은 짝퉁에 불과하다!" 황당하게 들리겠지만, 일단 그의 설명을 따라가 보자. 원래 명품은 프랑스 파리의 오트 쿠튀르(haute couture)에 뿌리를 둔다. 오트 쿠튀르란 귀족과 사회 상류층을 전문적으로 상대하는 고급 의상점을 말한다. 오트 쿠튀르는 손님들에게 다음 계절에 내놓을 옷과 소품을 먼저 만들어 권하는 식으로 유행을 이끌어 갔다. 이것이 '컬렉션'(collection)이다.

모든 명품은 최고의 장인들이 손으로 직접 만들었다. 당연히 가격도 아주 비쌌다. 그러나 손님과 가게 어느 쪽도 가격에 신경 쓰지 않았다. 경기가 좋건 나쁘건, 잘나가는 오트 쿠튀르들은 별 상관이 없었다. 어차피 극소수의 갑부들만 상대했을뿐더러 잘 팔린다 해서 자신들의 제품을 더 많이 만들 수도 없는 일이었다. 직접 일일이 제품을 만드는지라 일손에도 한계가 있었기 때문이다. 이들에게는 커다란 자부심이 있었다. '루이뷔통', '아르마니' 같은 명품의 명칭들이 하나같이 원래 장인의 이름이라는 사실을 통해 그들이 얼마나 스스로를 자랑스럽게 여겼는지 짐작해 볼 수 있다.

하지만 지금의 명품은 대부분 장인의 손끝에서 탄생하지 않는다. 명품 판매 상인들에게는 이제 더 이상 오트 쿠튀르가 주된 시장이 아니다. 다국적 기업들이 명품 브랜드를 하나하나 사 모았기 때문이다. 이들 회사는 이윤에 목을 매는 여느 회사와 전혀 다를 게 없다. 품질만 최고로 만들면 저절로 제품이 팔리던 명품 시장은 거의 다 사라져 버렸다. 명품 브랜드의 소유주들은 더 이상 장인이 아니다. 명품 회사의 주식을 나누어 갖는 주주들이다. 이들은 제품이 얼마나 많

이미지 메이킹

은 이익을 자신에게 가져다주는지에만 관심이 있다.

더구나 소수의 상류층에게만 제품을 팔아서는 커다란 회사를 운영할 수 없다. 따라서 명품 회사들은 중산층에게까지 시장을 넓혀야 했다. 이윤을 더 많이 내기 위해서는 제품을 만들 때 들어가는 단가도 낮추어야 한다. 그래서 명품은 대부분 공장에서 만들어지게 되었다. 명품 공장 또한 밀라노나 파리 같은 오트 쿠튀르의 본고장이 아닌, 인건비가 싼 중국이나 동남아 국가로 옮겨 가는 경우가 늘고 있다.

이제 명품은 그냥 '브랜드'일 뿐이다. 원래 명품이 지녔던 특별함과 고귀한 신분의 상징 같은 분위기는 껍데기만 남았다. 그럼에도 명품에 대한 사람들의 관심은 좀처럼 줄지 않는다. 왜 그럴까?

파블로프(Ivan Petrovich Pavlov, 1849 ~ 1936)의 실험에 빗대어 설명해 보자. 파블로프는 개에게 먹이를 줄 때마다 종을 쳤다. 개는 먹이를 보면 침을 흘렸다. 계속 반복하자, 마침내 개는 종소리만 듣고도 침을 흘렸다. 이를 조건 반응이라고 한다.

명품에 대한 환상도 조건 반응과 비슷하다. 사람들도 처음에는 명품의 품질과 분위기에 매력을 느꼈다. 지금은 명품의 품질이나 내용이 많이 달라졌는데도, 사람들은 여전히 명품의 이름만 듣고도 마음이 흔들린다. 명품이 개에게 주어진 음식이라면, 명품의 이름은 종소리인 셈이다.

이미지와 환상, 문명의 본질

그렇다면 결론은 뻔해 보인다. "우리는 파블로프의 개가 아니다. 부적절한 자극을 뿌리칠 수 있다. 명품의 가치는 그다지 합리적으로 보이지 않는다. 따라서 비합리적인 소비를 줄이자." 뭐, 이런 도덕적인 교훈으로 간단히 결론을 맺을 수도 있겠다.

하지만 문제는 단순하지 않다. 우리 문명 자체가 짝퉁이 되어 버렸기 때문이다. 세계적으로 유명한 미국의 역사학자 대니얼 J. 부어스틴(Daniel Joseph Boorstin, 1914~2004)은 『이미지와 환상』이라는 책을 통해 이 점을 분명하게 보여 준다.

예를 들어 보자. 결혼식에서 가장 중요한 것은 무엇일까? 혼인 서약에서 말을 더듬는다 해도 큰 문제가 되지 않는다. 주례 선생님의 말이 꼬였다 해서 이를 트집 잡을 사람도 많지 않다. 잘되든 못되든 시간의 흐름을 따라서 다 지나가 버릴 테니까. 하지만 결혼사진이 잘못되면 어떨까? 신부 얼굴이 흙빛으로 나왔다면? 아니, 아예 사진 자체가 사라져 버렸다면? 문제는 아주 심각해진다.

이제는 결혼식 자체보다 결혼사진이 어떻게 나올지가 더

중요해졌다. 이런 모습은 사회 곳곳에서 벌어진다. 관광지에서 사람들은 경치를 즐기기보다 사진을 찍는 데 더 신경을 쏟는다. 실제 자신이 무엇을 느꼈는지보다 나중에 사진 속의 자신을 보며 어떻게 느낄지에 더 신경을 쓴다. 정치인들도 행사장에 지금 서 있는 모습보다 자기가 화면에서 어떻게 비칠지에 더 큰 관심을 보인다.

'이미지 메이킹'(image making)이 실제보다 더 중요한 시대가 되었다. 기업마다 강조하는 '브랜드 가치'라는 것도 이미지가 실제보다 더 중요해진 현실을 잘 짚어 주는 표현이다.

이제 논의를 지금의 10대로 돌려 보자. 나의 10대 시절은 유명 메이커에 집착하던 시기였다. 당시 나는 상표가 주는 환상에 쉽게 휘둘렸다. 지금의 10대는 단순히 상표라는 환상을 좇지 않는다. 오히려 적극적으로 환상을 만들고 이를 퍼뜨린다.

SNS에 올라오는 사진들을 예로 들어 보자. 자신의 실제와 가까운 모습을 그대로 옮기는 젊은이들은 많지 않다. 최고의 조명발 아래서 '얼짱' 각도로 찍거나, 심지어 '뽀샵질'도 서슴지 않는다. 이것이 '사기'라고 지적하는 사람은 없다. 이는 이제 훌륭한 이미지 컷으로 여겨질 뿐이다. 더구나 이런 작업이 인터넷 공간에서 상상의 관중에게 열린다는 점도 새겨보아야 한다.

이미지가 현실보다 중요해진 시대다. 명품은 실제 가치보다 만들어진 이미지를 타고 빛을 발한다. 그렇다면 나를 진정 돋보이게 해 줄 것은 무엇일까? 진실한 나의 모습일까, 훌륭하게 포장된 이미지일까? 과거에는 딱 떨어졌던 대답이 지금에 와서는 모호해졌다.

조금 더
생각해 보기

광고 사진 밑에는 이따금 "이 사진은 이해를 돕기 위한 이미지 컷으로 실제와는 다를 수 있습니다"라는 설명 글이 붙어 있습니다. 하지만 '실제와 다를 수 있는 것'으로 이해를 돕는 일이 과연 도덕적일까요? 거짓 근거를 들거나 탐탁지 않은 부분을 그럴싸하게 포장하여 설득하는 일은 옳지 못합니다. 그렇다면 잘 꾸며진 '이미지 컷'을 광고에 쓰는 것을 허용해야 할까요?

용
서

) 용서 (

내 마음은 왜 분노로 가득 차 있을까?

'어떻게 네가 나한테 이럴 수 있어?'

고3 마지막 국사(지금의 한국사) 시험, 친구들은 모두 긴장하고 있었다. 마지막 평가 결과는 대학 입시에 적지 않은 영향을 끼칠 터였다. 나 역시 신경이 잔뜩 곤두서 있었다. 시험은 다행히 어렵지 않았다. 문제를 다 풀고 이제 답을 옮겨 적을 차례였다. 갑자기 컴퓨터용 사인펜이 말썽이었다. 흐릿해서 잘 칠해지지 않았다. 마침 여분의 펜도 없었다.

"야! 이거 써." 뒤쪽에 앉아 있던 친구가 선뜻 사인펜을 빌려주었다. 성적으로는 나와 '라이벌' 관계에 있던 아이였다. 비슷한 등수의 급우들끼리는 쉽게 친해지지만 그만큼 경쟁심도 심하게 마련이다. 그런 친구가 나에게 선뜻 도움을 주

다니 정말 고마웠다.

하지만 성적표가 나왔을 때 나는 할 말을 잃었다. 국사 점수는 '0'점이었다. 그 친구가 빌려준 사인펜은 컴퓨터용이 아니었던 것이다! 그 친구의 표정에는 비열한 미소가 스쳐 갔다. 아득했지만 나는 끝내 혀끝까지 올라왔던 한마디를 내뱉지 못했다. '어떻게, 어떻게 네가 나한테 이럴 수 있어?'

대학 입시를 코앞에 둔 시점, 나는 심하게 흔들렸다. 학력고사(지금의 수학 능력 시험) 점수도 기대에 못 미쳤다. 다행히 나는 가까스로 원하던 대학에 들어갈 수 있었지만, 졸업식 날 손을 내밀던 그 아이에게는 눈길도 주지 않았다. 싸늘한 분노와 함께 친구는 내 삶에서 사라졌다.

월나라 왕 구천은 행복했을까?

"정의란 받은 만큼 돌려주는 것이다." 플라톤의 『국가』 앞부분에 나오는 말이다. 부당하게 당했다면 확실하게 보복해 주어야 옳다. 하지만 나는 그러지 못했다. 마음속으로만 그 친구가 절망에 빠지기를 바랐다. 나에게 준 상처만큼 그 친구도 아픔을 겪어야 마땅했으니까. 그러나 웬걸, 친구는 바라던 대학에 입학했을 뿐 아니라, 예쁜 여자 친구도 생겼고 동아리 활동도 활발하게 한다는 소문이 들렸다. 미움과 원

용서

망은 나의 대학 시절 초반부를 끈질기게 따라다녔다.

월나라 왕 구천(句踐, ? ~ 기원전 465)은 오나라에 패하여 3년이나 종살이를 하였다. 모욕을 당한 그는 복수를 결심했다. 잠자리 옆에 쓸개를 걸어 두고, 늘 이 쓸개를 핥아 쓴맛을 되씹곤 했다. "구천아, 너는 그 모욕을 잊었느냐!"라고 외치면서 말이다. 그에게 망신을 준 오나라 왕 부차(夫差, ? ~ 기원전 473)도 독하기는 마찬가지였다. 가시나무 장작더미 위에 자리를 펴고 자며, 신하들에게 "부차야, 너는 구천이 네 아비에게 한 일을 잊었느냐!"라고 외치게 했다. 부차는 구천에게 확실하게 복수했고, 구천 역시 부차에게 당한 상처를 되갚아 주었다. 이른바 '와신상담'(臥薪嘗膽) 이야기다.

고3 졸업 고사 무렵, 한문 교과서에 실려 있던 이 옛이야기는 내 가슴속을 파고들었다. 나 역시 아픔을 확실하게 되갚아 주고 싶었다. 모욕을 잊어버린다는 것은 결코 옳지 않았다. 정의는 회복되어야 했다. 이른바 '거룩한 증오'를 나는 마음에 새기고 또 새겼다.

하지만 나는 와신상담 이야기의 뒤끝을 놓치고 있었다. 월나라 왕 구천은 복수극의 마지막 승자였다. 그러나 원한을 푼 구천은 과연 행복해졌을까? 분노를 내려놓고 행복하고 보람찬 삶을 살았을까?

내가 아는 한, 구천의 나머지 삶은 결코 편안하지 않았다. 원수에게 복수했다고 해서 상처받은 과거까지 되돌릴 수는 없다. 그냥 분풀이만 할 수 있을 따름이다. 예전 기억이 떠오르면 여전히 마음은 분노와 아픔으로 가득 찼을 테다.

복수심은 나 자신을 상처 준 사람의 노예로 만들어 버린다. 기억을 떠올리는 한 내 삶은 그 사람에게 끊임없이 휘둘릴 수밖에 없기 때문이다. 치욕을 돌려주어야 한다는 조급함은 내 삶을 망가뜨리고 흐트러지게 한다. 그럴수록 복수를 품은 마음은 더욱더 황량해져만 간다.

심리학자 마틴 셀리그먼(Martin Elias Peter Seligman, 1942 ~)은 이렇게 말한다. "용서하지 않는다고 가해자에게 보복이 되는 것은 아니다." 상처 준 사람에게 분노를 품고 있을 때, 마음이 곪는 이는 나 자신이다. 발에 가시가 박히면 일단 뽑아내야 한다. 복수심을 놓지 않으려는 태도는 발에 박힌 가시를 내버려 두는 것과 같다.

미국에서는 한때 범죄학이 유행이었다. 이는 엄청난 죄악을 저지르는 자들에게도, 따져 보면 다 그럴 만한 사연이 있다는 것을 밝히는 학문이다. 누군가 상대방을 총으로 쏘아 죽였다면, 그 사람에게만 죄를 물을 일이 아니다. 그는 어린 시절 부모에게 학대를 받았을지 모른다. 사회의 무관심에 인격이 무너졌을 수도 있다. 그러니 그가 한 잘못은 자신을 망가뜨린 사회에 대한 '복수'일 따름이다. 결국 범죄학의 입장에 따르면, 범법자는 자신의 행동을 이렇게 정당화할 수도 있게 된다.

그렇지만 범죄학이 놓치는 부분이 있다. 증오심에 때리고 부수고 나면 범죄자는 더 행복해질까? 설사 처벌받지 않았다 해도, 복수한 뒤 그의 마음은 더 심하게 일그러질 뿐이다.

똥은 무서워서 피하는 것

결국 분노에서 벗어나는 길은 '용서'밖에 없다. 용서는 복수보다 훨씬 어렵다. "용서는 세상에서 가장 아름다운 일이다. 그러나 복수는 너무도 큰 만족감을 준다"라는 옛 프랑스 격언은 헛말이 아니다. 절절하게 타오르는 원망을 어떻게 놓아 버릴 수 있단 말인가? 철학자 루이스 스메데스(Lewis Benedictus Smedes, 1921~2002)는 용서를 하려면 먼저 내가 상처받았다는 사실을 받아들여야 한다고 충고한다.

상처를 고백하는 일은 죄를 털어놓기만큼이나 어렵다. 우리는 똥이 무서워서 피하는 게 아니라 더러워서 피한다고 말한다. 하지만 사실, 사람들은 대부분 무서워서 피한다. 동료나 가족에게 모욕을 당해도 우리는 이를 애써 외면하려

한다. "제까짓 게 그래 봤자, 내가 저따위에게 신경이나 쓸 거 같아?" 이런 식으로 말이다. 자신의 분노에 맞설 용기가 없기에, 아예 상처 준 사람을 무시해 버리는 것이다.

방치된 상처는 더욱더 곪아 갈 뿐이다. 그럴수록 아픔도 커진다. 진단이 정확하면 치료가 확실해진다. 떠오르는 감정을 무시하지 말고 정확하게 짚어 보자. 먼저 내가 누구에게서 왜, 무엇 때문에 아픔을 겪는지를 분명하게 밝혀 보자.

나아가 상처받은 자신을 있는 그대로 받아들이는 담력도 필요하다. 상처의 큰 부분은 수치심에서 온다. 성폭력 피해자를 예로 들어 보자. 그런 사람들 대부분은 부끄러움 때문에 고통스러워한다. 분노의 가장 큰 부분은, 바보같이 당했다는 데서 오는 자신에 대한 실망감이다.

그러나 성폭력 피해는 결코 자신이 부끄러워 할 일이 아니다. 이는 누구에게나 생길 수 있는 일이며, 나는 피해자일 뿐이다. 마찬가지로 모욕을 당한 나는 '당하지 말았어야 할' 수치를 겪은 것이 아니다. 누구라도 모욕당하고 상처받을 수 있다. 나 역시 그런 수많은 사람 가운데 하나일 뿐이다.

용서란 꼬리말을 바꾸는 일

용서란 원한을 말끔히 지우는 일이 아니다. 기억 끝에 달려 있는 꼬리말만 긍정적으로 바꾸는 데 지나지 않는다.

셀리그먼의 말이다. 누구도 과거를 바꾸지는 못한다. 다만 과거에 대한 나의 태도와 생각을 바꿀 수 있을 뿐이다. 철학자이자 로마 황제였던 마르쿠스 아우렐리우스(Marcus Aurelius Antoninus, 121~180)는 죽은 부모와 자식을 살려 달라고 기도하지 않았다. 그 아픔을 이겨 낼 용기를 달라고 빌었을 따름이다.

상처받은 현실은 그대로일지라도 이를 어떻게 받아들이느냐에 따라 내 삶은 달라진다. 폭풍우처럼 몰아치는 시련은 나에게 어떻게 행동하라고 다그치고 있는가? 이 상처를 극복하기 위해 나는 어떤 인품을 갖추어야 할까? 아픔을 이겨 내기 위해 필요한 능력에는 어떤 것이 있을까? 고통이 내 삶에 주는 의미를 곱씹을 때, 상처는 내 삶을 키우는 성장 호르몬으로 바뀐다.

용서의 시작은 상대가 잘되기를 바라는 것

마지막 국사 시험을 본 지도 어느덧 30년 넘게 세월이 흘렀다. 그 친구와의 일은 아직도 가끔씩 머릿속에 떠오른다. 그럴 때면 나는 스스로에게 물어본다. '나는 친구를 용서했을까?' 그러나 이 질문은 이제 나에게 아무런 의미가 없다. 과거에는 큰 고통이었지만 이제는 그냥 흘러간 과거일 뿐이니까. 시간만큼 훌륭한 약은 없다. 힘든 일도 고통스러운 일도 결국은 다 지나갔다. 나도 그 친구도 입시 스트레스에 시달리던 고3 수험생이었을 뿐이다.

나는 그 친구에게 앙갚음하지 않았다. 만약 그랬다면 또 다른 상처와 후회가 내 마음을 짓눌렀으리라. 이제는 그 친구가 행복하게 잘 살고 있었으면 하는 바람도 찾아든다. 스메데스는 상대가 잘되었으면 하는 생각이 찾아들 때가 마음의 병이 나아가기 시작할 때라고 말한다.

"모든 것을 이해하면 모두 용서할 수 있다." 프랑스 속담이다. 세월은 모든 것을 이해하게 한다. 우리는 모두 약하고 겁 많은 인간일 뿐이다. 누구나 잘못을 저지른다. 이를 아는 사람들은 언제라도 자신과 상대방을 용서할 수 있다. 세월은 이 점을 나에게 끊임없이 일깨워 준다.

용서

조금 더
생각해 보기

이스라엘 군대는 자신들이 받은 공격에는 반드시 그 이상으로 되갚아 준다는 '원칙'을 내세웁니다. 팔레스타인 사람들의 돌팔매에 기관총으로 맞서는 식이죠. 역사적으로 유대인이 입은 상처는 깊고도 큽니다.

하지만 과연 팔레스타인 사람들이 그들에게 먼저 상처를 준 적이 있었던가요? 팔레스타인 사람들 역시 고향에서 내쫓긴 피해자나 다름없습니다. 이런 처지에서 반드시 복수한다는 원칙을 지키는 것이 바람직할까요? 이렇게 하면 과연 이들 사이에 평화가 찾아들 날이 있을까요?

변화

) 변화 (

위기를 기회로 바꾸고자 한다면?

위가 커서 '위대'했던 시대?

중세 유럽의 기사들은 조직 폭력배 같았다. 작위 수여식만
해도 그렇다. 영화에서는 왕이나 귀족이 기사의 어깨 위에
가볍게 칼을 올려놓는 모습으로 그려지곤 한다. 하지만 실
제로는 이와 달라서, 있는 힘껏 칼등으로 목덜미를 내리쳐
기사를 기절시켰다. 일종의 '신고식'이었던 셈이다.

어디 그뿐인가. 기사들은 무식을 자랑으로 여겼다. 유럽
을 통일한 샤를마뉴(Charlemagne, 742? ~ 814, 프랑크 왕국의 왕
으로, 로마 교황으로부터 서로마 제국의 황제로 임명받았다) 대제
마저도 까막눈이었다. 그 시대 용감한 사람은 공부를 해서
는 안 되었다. 글씨를 알면 '나약한 계집아이'처럼 된다는 게

이유였다나. 그러니 진짜 사나이란 무릇 힘이 세고 싸움을 잘하며 난폭해야 했다. 심지어 엄청나게 먹어 대는 것도 남자다운 모습으로 여겨졌다. 기사의 용기를 칭찬하는 글에서 그 사람이 얼마나 대식가인지 자랑하는 말을 더러 볼 수 있을 정도다. 그야말로 위가 큰 인물이 '위대'했던, 무식과 야만이 절정인 시대였다.

기사에 대해 막연한 환상을 품고 있었다면, 아마도 '확 깨는' 이야기로 들렸을 테다. 하지만 이런 덜떨어진 모습에 우리 마음이 끌리기도 한다. 깡패들을 다룬 영화가 괜히 인기 있겠는가. 사람들은 모범생을 부러워하지만, 무척 재수 없게 여기기도 한다. 뒷골목에서 어깨 으쓱이는 치들을 멸시하면서도, 한편으로는 화끈한 주먹을 휘두르며 원하는 대로 문제를 '해결'하는 그들의 모습에서 묘한 설렘을 느낀다. 누구에게도 주눅 들지 않는 '어깨'들을 보며, "나도 저렇게 힘이 셌으면……", "나도 우리 학교 최고의 주먹이었으면……" 하는 상상을 한 번도 안 해 본 사람이 과연 있을까.

고릴라와 인간의 차이

그러나 '어깨'들에 대한 환상은 금방 가라앉아 버린다. 순간 멋져 보여도 그들은 양아치일 뿐이다. 어디에도 끼지 못하고 주변만 겉도는 건달일 따름이라는 말이다. 이 점에서 '어깨'들은 고릴라와 비슷하다.

고릴라는 힘이 무척 세다. 일대일로 붙는다면, 사자나 곰도 쩔쩔맬 정도다. 고릴라와 인간은 같은 영장류이지만, 고릴라의 엄청난 힘에 비하면 인간은 힘없는 어린아이나 마찬가지다. 그런데 힘이 약한 인간이 훨씬 강하고 발전한 문명과 사회를 이루었다. 왜 그럴까?

그 이유는 고릴라가 무리를 짓지 못한다는 데 있다. 고릴라는 늘 혼자 다닌다. 두 마리만 모여도 서로 죽을 때까지 싸운다. 인간은 정반대다. 두려운 마음이 들면 사람들과 함께 있으려 한다. 강한 지도자가 있다면 그 사람 아래에서 기꺼이 힘을 모은다.

동물학자인 클라이브 브롬홀(Clive Bromhall, 1961~)에 따르면, 인간은 야수에 맞서 어린아이가 되는 전략을 택한 것이나 다름없다. 다른 동물들에 견주어 볼 때, 인간의 외모는 무척이나 우스꽝스럽다. 큰 머리에 털까지 없는 모습, 다른 동물들은 오직 갓 태어난 어린 새끼들만 이런 모습을 하고 있다.

그러나 인간은 어린아이 같기에 강력한 집단을 이룰 수 있었다. 어린아이들은 상대를 죽일 정도로 공격하지 않는다. 서로 기대려 하고 상대방의 애정과 관심을 바란다. 천진한 마음 덕택에 심각한 상황도 스트레스 없이 넘겨 버린다.

우리 일상에서도 고릴라 같은 사람은 대접받지 못한다. 아무에게나 시비를 걸며 으르렁대는 치들을 누가 좋아하겠는가. 반면, 브롬홀이 말한 어린아이처럼 서로 협력하려는 사람은 환영을 받는다. 붙임성 있는 데다가 주변 사람의 마음을 사고자 노력하는 까닭이다. 적당한 유머 감각에 다채로운 매력까지 갖추었다면 관심과 사랑을 한 몸에 받을지도 모르겠다.

손톱 모양까지 길들여라!

사회생활을 잘하려면 고릴라가 되어서는 안 된다. 착한 어린아이처럼 말을 잘 듣고 규칙에 잘 따라야 한다. 따지고 보면, 교육이란 사람들을 '순진한 어린아이'로 만드는 과정이다. 따라서 미셸 푸코(Michel Foucault, 1926~1984) 같은 철학자들은 교육을 '길들이기'라고 말한다.

사람을 길들이는 방법에도 여러 가지가 있다. '본때'를 확실하게 보여 주는 방식은 뒤떨어진 사회에서 많이 쓰인다. 도둑질한 사람을 마을 광장에 묶어 놓고, 군중 앞에서 두들겨 패는 식이다. 잘못하면 이렇게 된다는 것을 보여 줌으로써 사람들을 주눅 들게 만든다.

이런 방법은 잔인할뿐더러 위험하기까지 하다. 만약 사람들이 지나치게 악랄한 처벌에 반감을 느껴 도둑질한 사람의 편을 들면 어떻게 될까. 모여 있던 사람들은 순식간에 처벌을 내린 자들에게 맞서는 시위대가 되어 버릴지도 모른다.

따라서 권력자들은 훨씬 섬세한 방식으로 사람들을 길들인다. 푸코는 군대와 학교가 그런 역할을 하는 곳이라고 말한다. 군대에서는 일상의 동작들 하나하나가 엄격하게 정해져 있다. "걸을 때는 팔을 앞으로 40도, 뒤로 30도로 흔들라", "'무릎앉아'를 하면 오른쪽 무릎을 땅에 대고 왼쪽 무릎은 세운 채 앉으라"와 같은 식으로 말이다.

학교도 그렇다. 학교는 규칙의 연속이다. 매일 아침 8시까지 학교에 와야 하며 일과에 따라 움직여야 한다. 교복의 명찰 위치, 신발의 색깔과 모양, 머리 길이에 심지어 손톱 손질까지 검사와 가르침의 대상이 된다.

세세한 것까지 정해 놓은 규칙을 따르는 가운데, 사람들은 사회생활에 적합하도록 서서히 길들게 된다. 학교 졸업장은 확실하게 길든 사람임을 보여 주는 증명서와도 같다. 아무리 고릴라 같았던 사람이라도, 학교를 마칠 즈음이면 멋대로 세상을 살지 못한다는 사실을 알게 된다.

우리는 체계적으로 착한 어린이가 되도록 길든다. 사회는 웬만한 일에는 인내할 줄 알고 사람들과 잘 어울리며 지시에 잘 따르는 사람을 원한다. 학교와 직장도 무엇보다 마음에 들기 위해 노력하는 사람들을 먼저 배려하고 돌봐 준다. '착한 어린이'들에게 좋은 직장과 복지 혜택이 돌아가는 한, 사회에는 아무 문제가 없다. 단란한 가정처럼 사람들은 알콩달콩 행복하게 살아갈 테다.

문제는 사회가 튼튼하지 못할 때 생긴다. 나라 경제가 엉망이거나 전쟁 같은 큰 혼란에 휩싸이면, 착한 어린이들은 어찌할 바를 모른다. 불안한 나머지 그럴싸한 말을 늘어놓는 사람들에게 휘둘리기 쉽다.

바뀐 상황에 적응하려 하지 않고 자꾸만 자신을 야단치려 하는 모습도 문제다. 이혼한 가정의 어린 자녀들은 자기 때문에 부모가 헤어졌다는 착각에 빠지기도 한다. 그렇지만 부부 사이의 관계를 바꾸는 데 아이의 노력은 별 뾰족한 수가 되지 못한다. '착한 어린이'로 자라난 사회인들도 비슷한 잘못을 저지르곤 한다. 가령, 취직을 못 하는 것도 자신이 덜 노력했기 때문이라고 생각한다. 어학 성적을 높이고 더 나은 학벌을 갖추면, 다시 사랑과 관심을 받으리라 확신한다. 하지만 더더욱 착한 어린이가 된다고 해서 과연 채워지지 못한 사랑을 받을 수 있을까?

어린아이로 길든 고릴라는 자신에게 강한 근육이 있다는 사실을 믿으려 하지 않는다. 우리 안의 식량이 떨어지고 돌봐 줄 사람마저 사라졌는데도 밀림으로 되돌아갈 엄두를 내지 못한다. 왜 학교의 모범생이 꼭 사회의 모범생은 아닌지를 짐작하게 하는 대목이다.

프라이데이, 로빈슨 크루소를 길들이다

무인도에 도착한 로빈슨 크루소는 제일 먼저 나무토막에 빗금을 그었다. 날짜를 파악하기 위해서였다. 그러곤 일과를 정해서 하루하루를 규칙적으로 살아갔다. 요일을 정해 일을 하고 주말에는 예배를 보았다. 혼자였음에도 그는 여전히 시민의 한 사람으로 생활한 셈이다.

어느 날 원주민 소년이 그가 있는 섬으로 표류되어 온다. 로빈슨은 소년의 이름을 '프라이데이'(Friday)라고 짓는다. 금요일에 그를 발견한 까닭이다. 로빈슨은 프라이데이에게도 자신의 규칙적인 생활을 따르도록 했다. 그렇게 야만인 소년은 문명인으로 길들게 되었다. 누구나 알 만한 로빈슨 크루소의 모험담이다.

프랑스 작가 미셸 투르니에(Michel Tournier, 1924 ~ 2016)는

소설 『방드르디, 태평양의 끝』에서 『로빈슨 크루소』를 잔뜩 비틀어 버렸다. '방드르디'(Vendredi)란 프라이데이를 프랑스어로 부른 말이다. 이 소설에서 프라이데이는 거꾸로 로빈슨을 길들인다. 원시의 섬에서 굳이 문명의 삶을 살아야 할 까닭이 뭐 있겠는가. 탐스러운 열매가 곳곳에 널려 있고 물고기도 많으며, 날씨까지 딱 알맞다. 프라이데이의 눈에 로빈슨은 제정신이 아니다. 그냥 편하게 지내면 되는데 뭐 하러 의미 없는 고생을 사서 하고 있느냐 말이다. 한참 뒤에야 로빈슨은 프라이데이의 생각을 이해한다. 그러곤 야만의 상태를 스스로 즐기기 시작한다.

경쟁이 날로 치열해지고 있다. 이른바 명문대 졸업생들조차도 일자리를 구하지 못해 고통받고 있다. 문제는 지금의 위기가 일시적인 과열 상태가 아니라는 점이다. 인공지능과 로봇이 이끌 미래 사회에서는 많은 일꾼이 필요하지 않다. 지금의 젊은이들이 마주할 미래는, 자신을 길들인 어른들의 세상과는 아주 다를 것이다. 그럼에도 '착한 어린이'들은 자신이 길들여진 바에 더더욱 매달리려 한다. 조선 왕조가 무너졌는데도 여전히 과거 준비를 계속했던 옛 선비들의 모습이 떠오르기까지 한다.

위기는 영웅들에게는 기회다. 뛰어난 호걸도 평화로울 때는 성실한 일꾼보다 좋은 대접을 받지 못한다. 어쩌면 다가

변화

올 미래는 새로운 모습의 영웅호걸이 주목받는 시대가 될지도 모르겠다. 좋은 대학, 전문직 등등 정해진 '출세 공식'을 꿈꾸기 전에 스스로에게 물어보라. 나에게는 절대 길들지 않는 열정이 있는가? 나는 불확실한 미래를 기회로 받아들일 만큼 담대한가?

조금 더
생각해 보기

　　　지금 나의 삶에 점수를 매긴다면, 10점 만점
에 몇 점을 줄 수 있을까요? 매겨진 점수에서 1점을 더
높이려면 내 삶의 태도를 어떻게 바꾸어 나가야 할까
요?

관
계

) 관계 (

진정한 친구는 왜 드물까?

아는 사람이 하나 있는 세상과 하나도 없는 세상

학회 첫 발표, 나는 입이 바짝바짝 말랐다. 내 앞에 앉아 있
을 사람들은 이름난 학자들이다. 뛰어난 학자들에게는 조용
한 카리스마가 있다. 부드럽지만, 사람을 한없이 작고 부끄
럽게 만드는 그 무엇 말이다. 그러니 무엇보다 빈틈이 없어
야 한다. 허술한 논문을 어눌하게 발표하면 그분들이 나를
얼마나 한심하게 볼 것인가.

뒤척이는 밤들이 지나고 마침내 찾아온 '그날', 나는 깔끔
하게 정장을 차려입고 집을 나섰다. 꼭 전장에 나서는 장수
의 기분이었다. 그날따라 길이 아주 심하게 막혔다. 자칫하
면 발표도 못 해 보고 학자로서 첫 등장 무대를 '결석'으로

끝낼 수도 있었다. 천만다행으로 시작 5분을 남기고 학회장에 도착했다. 차에서 내리자마자 냅다 뛰었다. 뛰면서도 머릿속은 복잡했다. '아무리 정신없더라도 학자답게 품위 있고 차분해야 한다. 원로 선생님들께는 공손하게 인사를 해야 하고…….' 그런데 갑자기 눈앞이 번쩍했다. 뒤통수에 느껴지는 강한 충격!

"야 인마, 너 여기서 뭐 하는 거야?" 건장한 청년이 동그랗게 눈을 뜨고 나를 바라보고 있었다. 왠지 낯이 익은 얼굴, '누구더라?' 머뭇거리다 이내 생각이 났다. 고등학교 시절, 늘 실실 웃고 다니던 까까머리 K였다! 내가 책만 보면 항상 장난을 걸던 아이. 그 순간, 긴장이 확 풀렸다.

"이 자식이! 형님을 보면 인사를 해야지, 뒤통수를 쳐?" 활짝 웃으며 서로 손을 맞잡았다. 순식간에 우리의 어투와 몸짓은 고교 1학년의 그것으로 돌아가 있었다. 든든한 지원군을 만난 느낌, 마음이 편해졌다. 아는 사람이 하나 있는 세상과 하나도 없는 세상은 하늘과 땅 차이이다.

공부보다 까다로운 관계의 기술

어른이 되어 사람을 사귀기란 참 어렵다. 원만한 관계를 맺기 위해서는 많은 시간과 노력, 연습이 필요한 까닭이다. 정말 마음에 쏙 드는 이를 만났을 때, 나의 기쁜 마음을 그대로 드러내서는 위험하다. 자칫하면 상대는 나를 '주책없는 인간'으로 여길 수도 있다. 나와 성(性)이 다른 사람이라면 '치근덕댄다'고 오해할지도 모른다.

껄끄러운 이를 만났을 때도 마찬가지다. '막장 상황'이 생기지 않으려면 싫어하는 감정을 있는 그대로 나타내서는 안 된다. 최대한 예의를 갖추어, 상대가 나의 불편한 마음을 알아차릴 만하게 전해야 한다.

이는 결코 쉬운 일이 아니다. 예의를 차려 깍듯이 대하면, 상대는 오히려 자신을 멀게 느낀다고 오해할지 모른다. 내가 싫어하는 티를 내는데도 알아차리지 못하는 둔감한 치들도 적지 않다. 그래서 인간관계는 늘 머리 아프다. 상대가 오해하지는 않을지, 나를 우습게 여기지는 않을지 등등을 항상 계산하고 따져 봐야 하니 말이다. 관계의 기술은 아주 까다롭다. 서점에 대인 관계를 다룬 책들이 넘쳐 나는 이유다.

반면, 오랜 친구를 만날 때는 아주 마음이 편하다. 내가 어떤 사람으로 보일지 고민하지 않아도 되기 때문이다. 추레한 옷차림을 하고 있건, 어처구니없는 실수를 하건, 친구는 그냥 친구다. 잘 보이려고 굳이 노력하지 않아도 친구는 내가 누구인지 알아주고 인정해 준다. 오래된 우정은 갑옷을 벗어던진 듯한 편안함을 준다.

그러나 우정은 나의 삶을 지옥으로 만들기도 한다. 세상에서 가장 무서운 감정은 애증이다. 사랑하기에 증오하는 상태 말이다. 그냥 미워하는 사람이라면 다시 안 보면 그만이다. 그도 아니라면 '원래 저런 인간'이라며 신경 끊고 지내도 된다. 그런데 정말 좋아하는 친구가 내 마음을 아프게 한다면? 지옥도 그런 지옥이 없다. 둘의 마음은 분노와 속상함으로 가득하고, 말 한마디 한마디가 서로에게 상처로 다가갈 테다.

'철천지원수' 사이는 원래 가장 친한 친구들이었던 경우가 많다. 증오는 사랑을 타고 온다. 상대를 믿고 의지했던 만큼 배신감도 훨씬 더 크다. 한번 꼬인 우정은 회복하기 어렵다. 너무 많은 상황과 감정이 얽혀 있는 나머지, 문제가 뭔지 찾아내기조차 쉽지 않을 때도 많다. 인간관계는 우주의 그 어떤 것보다 복잡하다. 좋은 우정을 가꾸고 싶다면 관계의 기술을 갈고닦아야 한다.

인간관계는 나무를 키우는 일

스티븐 코비는 오해를 만들지 않는 간단한 방법을 일러 준다. 나에게 늘 잘해 주는 이들에게는 화를 내기 어렵다. 반면, 나를 항상 곤란하게 만드는 사람들에게는 별것 아닌 일에도 쉽게 역정을 낸다. 왜 그럴까?

코비에 따르면, 인간의 감정은 은행 통장과 똑같다. 통장에 돈이 많으면 어지간히 돈이 나가도 괜찮다. 하지만 잔고가 별로 없을 때는 조그만 지출도 큰 충격으로 다가온다. 사람들 사이도 그렇다. 평소에 도움을 많이 주었던 사람들은 나의 '감정 은행 계좌'에 점수를 많이 쌓아 둔 셈이다. 잘못을 해서 점수를 많이 '인출'했다 해도 잔고가 충분하기에 별로 속상하지 않다. 그렇다면 늘 나에게 눈엣가시같이 구는 사람들은? 그이는 이미 '마이너스 통장' 상태다. 그런데도 더 점수를 잃으니 심사가 뒤틀릴 수밖에 없다.

따뜻한 말로 인사 나누기, 혼자 점심 먹는 친구와 같이 식사해 주기, 틈틈이 안부 전화 하기 등등 일상의 소소한 배려 속에 감정 은행 계좌의 점수는 쌓인다. 생각 없는 말 한마디, 빌린 물건 제때 돌려주지 않기 등등 사소한 잘못은 친구 관계를 조금씩 위기로 몰아넣는다.

인간관계는 나무를 키우는 일과 같다. 꾸준히 물을 주고 다듬듯, 상대의 '계좌'에 좋은 점수가 쌓이도록 정성 들여 관리해야 한다. "뭘 그런 걸 갖고 화내고 그래?"라는 말이 나올 법한 상황이라면, 혹시 나에게 잘못은 없는지 점검해 보라. 아마도 우정만 믿고 상대를 계속 홀대했을 때가 대부분일 테다.

'나-너'로 만날 때, '나-그것'으로 만날 때

관계의 '질' 관리도 중요하다. 아무리 친구라도 항상 끈끈할 수만은 없다. 친구 관계를 오래 유지하고 싶다면 적절히 거리를 두어야 한다. 철학자 마르틴 부버(Martin Buber, 1878~1965)는 만나는 성격에 따라 사람 사이의 관계를 '나-그것'과 '나-너'로 나눈다.

의사를 예로 들어 보자. 의사는 환자를 '사람'이 아닌 '병'으로 대해야 한다. 감기를 앓는지 폐병을 앓는지를 따져야지, 그가 아름다운지 성격이 좋은지를 가늠해서는 안 된다는 뜻이다. 이때 의사는 환자와 '나-그것'으로 만난다.

한편 의사는 환자와 '나-너'로 만날 때도 있다. 치료가 끝난 뒤, 의사는 아픈 이의 편안해진 얼굴을 보며 기쁨과 뿌듯함을 느낀다. 그리고 병을 앓으면서 속상했던 일은 없었는지, 생활에 불편한 데는 없는지 등등 인간적인 대화를 나누기도 한다.

친구 사이에서도 마찬가지다. 친구와는 '나-너'로 만나지만, '나-그것'으로 대해야 할 때도 있다. 공적인 일을 맡았을 때가 대표적이다. 이때 나는 모든 사람을 '나-그것'의 관계로 대해야 한다. 이때는 친구도 내가 보살펴야 할 숱한 대상 가운데 하나일 뿐이다.

"네가 어떻게 나한테 이럴 수 있어?"라고 묻기 전에, 지금이 상황이 '나-너'의 관계인지, '나-그것'의 관계여야 하는지를 점검해 보자. 훌륭한 우정은 이 두 가지 관계 사이에서 균형을 잘 잡을 때 이루어진다.

탁월함은 습관이다

코비와 부버의 이론을 잘 안다 해도 인간관계는 여전히 어렵다. 부탄 사람들은 누군가에게 호의를 받으면 세월이 한참 흐른 뒤에야 답례를 한다. 고마움을 바로 표시하면 우정이 쌓이지 않는다고 여기기 때문이다. 우정을 나누는 것은 물건을 사고파는 일과는 다르다. 값을 치르듯, 상대방과 따뜻함을 일대일로 곧바로 주고받는 사이는 우정이 아니다.

『채근담』에는 "맑은 물에는 고기가 살지 않는다"라는 말이 나온다. 친구 사이에는 늘 적당한 섭섭함과 아쉬움이 깔려 있다. 때로는 능청스럽게 폐를 끼치기도 하고, 용서 못 할 일도 눈감아 주는 것이 우정 아니던가.

그러면 친구에게 고마움을 언제쯤 갚는 게 좋을까? 공식처럼 딱 떨어지는 정답은 없다. 친구의 성격에 따라, 나의 기질에 따라 답은 여러 갈래로 나뉠 수밖에 없다. '나-너', '나-그것'의 관계도 마찬가지다. 친구를 언제 '나-너'로 대해야할지, '나-그것'으로 상대해야 할지는 혼란스럽기 그지없다.

친구 때문에 발목 잡히는 정치인이나 관료가 한둘이 아닌 이유도 여기에 있다.

아리스토텔레스(Aristoteles, 기원전 384 ~ 기원전 322)는 '탁월함은 습관'이라고 말한다. 하나의 재능은 여러 상황을 숱하게 겪으며 반복해서 연습하는 가운데 몸에 붙는다. 우정도 그렇다. 인간관계는 모호한 상황의 연속이다. 그때그때마다 어떻게 옳은 행동을 할지 단번에 익힐 수는 없다.

깊은 우정은 순식간에 만들어지지 않는다. 오랜 세월 동안 밥 먹듯 애증을 겪으며 서로의 관계를 '연습'한 뒤에야 '친구 사이'가 이루어진다. 그러니 진정한 친구가 수십 명에 이를 수는 없다. 마음을 완전히 나누는 친구 하나를 만드는 데도 너무 많은 시간과 품이 드는 탓이다.

진정한 친구의 숫자는 내가 얼마나 사람들과 관계를 잘 꾸려 나가는지를 보여 주는 '관계 기술 자격증'이라 할 만하다. 나에게는 진정한 친구가 몇 명이나 있는가? 없다고 좌절할 필요는 없다. 탁월함은 습관이다. 사람들 하나하나에게 배려하고 마음 쓰는 '습관'을 기르다 보면, 어느덧 내 주변은 좋은 친구들로 가득하게 될 테다.

조금 더
생각해 보기

　　독일의 철학자 쇼펜하우어(Arthur Schopen-
hauer, 1788~1860)는 항상 식당에 혼자 갔습니다. 그런
데도 늘 식사는 2인분을 주문했습니다. 자기 앞에 누가
앉지 못하게 하기 위해서였다고 합니다. 이처럼 사람을
만나는 일을 아예 피해 버리는 것이 옳을까요? 물론, 때
로는 인간관계를 끊는 쪽이 더 나을 때도 있겠고요. 어
떤 경우가 그럴까요?

갈
등

) 갈등 (

나는 왜 지기만 할까?

누가 이상한 아이였을까?

합창 대회는 큰 행사였다. 고교 시절, 1학년 전체 반이 한 달 가까이 연습해서 겨루는 반 대항 대회로, 친구들과 함께 적 잖은 시간과 공력을 들여야 했다. 학급 회의 시간에 친구들 은 나에게 피아노 반주를 맡겼다. 우리 반에 악기를 다루어 본 친구들이 많지 않았던 탓이다. 문제는 지휘를 누가 할지 였다. 어차피 합창 지도는 음악 선생님이, 연습은 담임 선생 님이 이끌어 주실 터, 당시 우리 눈에 지휘자는 '그냥 앞에 서서 손만 휘저으면 되는 사람'이었다. 그래도 지휘자는 사 람들 시선을 한눈에 받는 자리다. 여러 명이 자기가 하겠다 고 손을 들었다. 이 가운데 누구에게 지휘를 맡겨야 할까?

결정권은 반주자인 내게 쥐어졌다. 연습과 공연 시간 대부분을 함께 이끌어 갈 테니, 파트너를 직접 고르라는 거였다. 하지만 내게는 지휘자를 정하는 일이 찜찜했다. 그렇지 않아도 며칠 전부터 친한 척하며 다가오는 아이가 있었다. 큰 키에 잘생긴 얼굴, 그렇지만 음악은 잘 못하던 친구였다. 그가 왜 나와 가까워지려 하는지는 너무도 뻔했다. 내 눈치를 살피는 아이의 표정에서 돋보이고 싶은 마음이 읽혔다. 나는 결국 아이의 손을 들어주었다. 나에게 '미움받을 용기'가 없었던 까닭이다.

하지만 이는 최악의 결정이었다. 예상했던 대로 지휘자는 별 도움이 안 되었다. 아이는 되레 연습 때 급우들과 시시덕대며 떠들기 일쑤였으며, 합창과는 별 상관없는 데 에너지를 쏟았다. 지휘자와 반주자가 똑같은 정장을 맞추어 입자는 둥, 입장과 퇴장할 때 이벤트를 벌이자는 둥, 부족한 연습 시간에 날이 섰던 나에게는 지휘자의 제안 하나하나가 꼴사나웠다. 반면, 지휘자는 나를 어처구니없게 생각했다. 그 아이에게 합창 대회는 그냥 행사일 뿐이었다. 대회는 반 친구들끼리 함께하며 추억을 만드는 즐거운 경험, 그 이상도 그 이하도 아니지 않은가. 그런데 뭐 하러 인상까지 써 가며 아득바득해야 한단 말인가.

결국 어느 날엔가 나와 지휘자는 크게 부딪쳤고, 그 후로

갈등

합창 대회 날까지 한마디도 나누지 않았다. 물론, 무대에 섰을 때도 냉랭했으며 행사 이후에도 단 한 번도 서로에게 인사하지 않았다. 졸업 이후에도 나는 아직까지 지휘자 친구를 만난 적이 없다. 우리는 그렇게 서로에게 '이해 불가능한 이상한 아이'로 남았다.

놀이의 네 유형 — 아곤, 알레아, 미미크리, 일링크스

가까이에서보다 멀리서 볼 때 전체 윤곽이 잘 파악되는 법, 시간의 흐름은 거리와 비슷한 효과를 낸다. 객관적이고 합리적으로 잘잘못을 따지기 위해서는 시간이 필요하다. 합창 대회는 30년도 전에 있었던 일이다. 이제는 동창들 가운데서도 합창 대회를 했다는 사실조차 기억 못 하는 이들이 많다. 그러나 나는 여전히 때때로 크게 부딪쳤던 그 아이가 종종 떠오르곤 한다. 이제는 '내가 이상한 아이'였음을 분명히 깨달았기 때문이다.

로제 카유아(Roger Caillois, 1913 ~ 1978)는 사람의 놀이를 크게 아곤(agon), 알레아(alea), 미미크리(mimicry), 일링크스(ilinx)라는 네 부류로 나눈다. 야구 경기를 보러 간 이들을 예로 들어 보자. 어떤 사람들은 자신이 응원하는 팀이 이길지, 작전은 어떻게 짜야 하며 선수를 어떻게 써야 하는지를 따지며 손에 땀을 쥔다. 반면, 어떤 이들은 내기를 걸거나 재미로 스포츠 복권을 사며 운을 시험하는 '조이는 맛'으로 경기를 본다. 그들에게는 자신에게 행운이 따르는지를 가늠하는 것 자체가 즐거움이다. 또 다른 이들은 경기 결과에 별 관심이 없다. 그냥 좋아하는 이들과 경기장에 와서 환호성을 지르며 함께한다는 사실 자체가 좋을 따름이다. 또 어떤 이들은 그냥 야구장 분위기 자체를 즐긴다. 흥겨운 느낌, 시원한 마실 거리가 주는 상쾌함 등등에 취해 경기에 빠져든다.

여기서 승부에 집착하는 이들이 아곤, 운을 따지며 마음 조이는 자들은 알레아, 함께 어울리기를 즐기는 이들은 미미크리, 마지막으로 감정에 빠져드는 자들은 일링크스 유형이다. 이 가운데 어느 쪽이 제대로 야구 경기를 즐겼다고 할 만할까? 이 물음에 정답은 당연히 없다. 각자 자기 나름의 취향에 따라 재미있게 시간을 보냈다면 그것으로 충분하다.

고교 시절, 나의 합창 대회도 별다르지 않았던 듯싶다. 학교 입장에서는 행사가 꼭 합창 대회가 아니어도 상관없다. 체육 대회면 어떻고, 반 대항 장기 자랑이면 어떤가. 반 친구들끼리 함께 힘을 합쳐 노력하며 추억을 쌓았다면 그만이다. 하지만 열일곱 나이에 나는 전형적인 '아곤'이었다. 우리 반에만 없었을 뿐, 학교에는 예고를 준비했던 친구들이 꽤 많았다. 음대 입시를 준비하던 아이들도 적지 않았다. 그들

눈에 반주자랍시고 건반을 뚱땅거리는 내가 얼마나 한심해 보일지 생각만 해도 얼굴이 붉어졌다. 내 처지에서는 반 아이들은 더더욱 창피스러웠다. 우리 반의 공연은 합창이라기보다 '떼창'에 가까웠다. 아아, 이 부끄러움을 피할 수만 있다면! 우리는 학교에서 가장 못나고 열등하며 미개한 존재들로 낙인찍힐 터였다. 그런데도 뭐가 좋다고 반 아이들은 시시덕댄단 말인가!

한편, 나의 지휘자 친구는 '미미크리' 성격이었다. 그에게 합창 대회는 지루하고 뻔한 일상에서 벗어날, 친구들과 즐겁게 어울릴 절호의 기회였다. 늦게 남아 친구들과 주전부리를 나누며 수다를 떨고, 아름다운 목소리를 찾아낼 때 절로 감탄하고, 음치들의 귀 따가운 내지름에 악의 없이 웃음을 터뜨리는 등, 지휘자 친구는 순간순간을 충실하게 즐겼다. 지휘자라는 자리는 행사의 중심에서 이 모든 즐거움을 누릴 기회가 되었다.

아곤형 인간과 미미크리형 인간

카유아에 따르면, 놀이를 어떻게 즐기는지 하는 취향은 삶과 사회의 방향까지도 결정한다. 아곤형 사람이 많은 사회는 경쟁과 승리에 목을 맬 테다. 이들은 공정한 경쟁을 무척 중요하게 여긴다. 그래서 운이 미치는 영향을 최대한 없애려 하며 더 치열하게 노력한 쪽이 승리를 거머쥐게끔 하려고 애쓴다. 그들에게는 운을 시험하는 알레아형 사람들이 한심해 보인다.

미미크리형 인간이 많은 집단은 어떨까? 이들은 관계와 서로 나누는 경험이 매우 소중하다. 무엇을 하든 누가 이기고 지는지가 핵심이 아니다. 사람들과 어울리며 자신에게 맞는 역할을 해 나가며 보람과 즐거움을 느낄 수 있는지가 중요할 뿐이다. 이들은 일링크스형 사람들과도 잘 어울린다. 함께 축구를 하며 땀을 흘릴 때의 상쾌함을 떠올려 보라. 골을 넣을 때도, 먹을 때도 모두가 씩씩하고 유쾌하게 웃으며 행복을 느끼지 않았던가.

사람의 성향은 좀처럼 바뀌기 어렵다. 합창 대회 이후의 나의 생활도 여전히 아곤형이었다. 성적이 소중했으며 등수에도 예민했다. 늘 좋은 결과를 내기 위해 목을 매었고, 혹여 나에 대한 나쁜 평판이 돌면 미칠 듯 괴로웠다. 그러면서 운이 주는 영향을 없애려 최선을 다했다. 철저하게 준비해서 실수나 불운이 찾아들 여지를 없애려 했다는 뜻이다. 나 같은 유형을 카유아는 '아곤과 알레아의 결합'이 이끄는 자들이라 부른다.

지휘자 친구는 어떨까? 아마도 카유아는 그를 '미미크리와 일링크스'가 지배하는 유형이라고 부를 것 같다. 시간을 함께하며 노력하고 싸우고 다투며 화해했던 기억은 사람 사이를 한결 단단하게 엮는다. 게다가 승리의 기쁨과 패배의 아쉬움을 같이하며 함께 웃고 울던 감정들은 서로를 영원히 잊지 못할 하나로 만들어 준다. 우리가 같은 세월을 같은 공간에서 함께한 학교 동창들을 특별하게 생각하는 이유다.

나는 왜 지기만 했을까?

아곤형이었던 나도, 미미크리형이었던 지휘자 친구도 이제 둘 다 50줄에 접어들었다. 고교 시절, 우리는 서로를 '이상한 친구'라며 삿대질해 댔다. 지금 우리가 다시 만난다면 상대에게 어떤 말을 건네게 될까? 우리는 다시 싸우지는 않을 듯싶다. 이제 우리는 합창 대회가 학창 시절 겪었던 여러 '놀이' 가운데 하나였을 뿐임을 너무나 잘 안다.

아곤형인 나에게는 언제나 나보다 잘나고 뛰어난 친구들의 뒤통수만 보였다. 그래서 늘 초조해하며 지고 있다는 패배감과 열등감에 사로잡혀 있었던 거다. 열일곱의 나는 합창 대회 때도 우리 반보다 실력 좋고 뛰어난 반들의 공연만 눈에 들어왔다. 또한, 반주도 나보다 훌륭하게 잘하는 상대들의 연주만 머릿속에 있었다. 이렇게 살았기에 나는 학창 시절을 내내 '지기만 했던 기억'으로 가득 채웠던 거다. 그러나 미미크리형 친구는 아이들의 눈을 보며 살았다. 매 순간 충실하게 관계를 가꾸었으며, 느껴야 할 것을 다 느끼고 겪어야 할 것을 다 겪으며 열일곱 살 무렵을 아름답게 치러냈다. 과연 어느 쪽이 더 좋은 삶이었을까?

아곤형인 나는 교사가 되어 안정된 삶을 꾸렸으며, 작가로서 이름도 얻었다. 그렇지만 나의 주변에 친구는 여전히 드물며, 생활은 일터의 의무와 원고 마감으로 빡빡하다. 지휘자 친구는 아마도 나같이 살지는 않았으리라. 적어도 그 친구의 인생에는 나보다 행복하고 즐거운 기억이 훨씬 많고, 실패와 좌절의 기억이 있어도 나보다 훨씬 농도 깊고 진실된 무게로 겪었을 듯싶다. 미미크리형인 그 친구는 언제나 '지금 이 순간'에 충실한 아이였다. 나는 이제 그토록 미웠던 지휘자 친구가 부럽고 그립다. 그 아이는 나를 어떻게 기억하고 있을까? 아곤형의 세계관 속에서 나는 언제나 '지기만 했던 아이'다. 그렇지만 미미크리의 세계에서 승부는 의미가 없다. 지휘자 친구를 다시 만난다면, 나에게 깨달음을 주어 고맙다고 큰 소리로 말해 줄 것 같다.

조금 더
생각해 보기

　　"이생망(이번 생은 망했어)"을 읊조리는 젊은이들이 적지 않습니다. 그럴수록 우리는 인생도 한 편의 놀이일 뿐임을 깨달아야 합니다. 삶은 작은 게임들이 모인 '놀이 종합 세트'와 같습니다. '성적 경쟁'이라는 경기에서 질 수도 있어요. 그렇다 해서 인생이라는 놀이 전체에서 지지는 않았습니다. 삶에는 친구 사귀기, 연애, 가족 보듬기, 재산 모으기, 환경 가꾸기 등등, 숱하게 많은 게임이 있답니다. 몇몇 놀이에서 졌다고 인생이 망하지 않습니다. 또한, 몇 개의 게임에서 이겼다고 거들먹거릴 일도 아닙니다. 삶에는 별처럼 많은 '놀이'가 남아 있으니까요.

애
도

) 애도 (

죽은 뒤에도 삶은 이어지는가?

사랑하는 이의 죽음, 그 절절한 아픔

내 마음은 고통으로 칠흑 같았다. 둘러보아도 온 세상은 오
직 죽음뿐이었다. 내 고향은 내게 고통이 되어 버렸다. 아버
지의 집은 특히 불행한 곳이었다. 어디에도 친구는 없었다.
친구와 함께했던 모든 곳은 이제 아득한 고통이 될 뿐이다.
아무리 찾아도 친구는 없다. (……) 죽음은 앞으로 친구에게
했듯 모든 사람들을 순식간에 집어삼키고 말 것 같다.

아우구스티누스(Aurelius Augustinus, 354 ~ 430)의 『고백록』
에 나오는 구절이다. 사랑하는 이의 죽음을 겪어 본 사람이
라면 절절한 아픔에 같이 눈물을 흘릴지도 모르겠다. 나도

비슷한 경험이 있다. '바니'는 우리 집에서 기르던 강아지였다. 강아지는 남자 형제들뿐인 뚝뚝한 집안 분위기를 순식간에 바꾸어 놓았다. 꼬리 치며 재롱 피우는 모습이 얼마나 앙증맞고 귀여웠던지! 바니는 어색했던 식구들 사이를 화롯불처럼 따뜻하게 덥혀 주었다.

바니가 차에 치여 죽던 날의 기억은 아직도 생생하다. 눈물 가득한 눈으로 피 흘리는 바니를 안고 계시던 어머니. 그 뒤로 집안 분위기는 온통 회색빛이었다. 그리고 바니와 얽힌 모든 장소는 견딜 수 없는 고통이 되었다. 같이 산책하던 공원, 벨 소리와 함께 뛰어나와 꼬리를 흔들던 현관 앞, 가만히 웅크리고 앉아 눈알을 굴리던 식탁 옆⋯⋯. 바니를 떠올리게 하는 모든 장소에서 도망치고 싶었다. 우리 가족은 한동안 깊은 우울증에 빠졌다.

반려동물을 잃었을 때도 이렇거늘, 하물며 사랑하는 친구와 가족을 잃은 고통은 얼마나 크겠는가. 그 뒤로는 누구에게 정 주기가 무서웠다. 그도 바니처럼 사라져 버릴지 모른다는 두려움 탓이었다.

'슬픔 노동', 절망 극복의 5단계

몸에 생긴 상처가 아무는 데 시간이 걸리듯, 다친 마음이 제

자리를 찾아가는 데는 시간이 필요하다. 이별의 아픔을 겪은 다음 날 바로 해죽거리는 사람은 없다. 만일 있다면 그는 감정이 메마른 자다. 가까운 사람의 죽음은 무엇보다 큰 충격이기에, 하루아침에 그 아픔이 사라질 리는 없다.

몸에 난 상처가 낫는 데는 순서가 있다. 속살이 먼저 아물고 피부가 돋는 식이다. 마음이 아무는 과정에도 순서가 있다. 정신 분석학자 베레나 카스트(Verena Kast, 1943~)는 그 과정을 다섯 단계로 정리한다.

첫 단계는 '마주하지 않으려는 시기'다. 너무 심하게 다치면 오히려 아픔을 못 느낀다. 통증은 어느 정도 상황이 정리된 뒤라야 찾아든다. 죽음도 마찬가지다. 갑작스레 "아버지가 돌아가셨대"라는 엄청난 말을 들었다고 해 보자. 처음부터 이 말을 사실로 받아들이는 사람은 거의 없다.

"설마, 우리 아버지가 그럴 리가……", "뭔가 잘못되었을 거야" 하며, 좀처럼 사실을 인정하려 들지 않는다. 이 불행이 사실이 아니라는 증거를 찾고, 또 찾는다. 경찰이 비슷한 다른 사람을 보고 착각하지는 않았는지, 의식을 잃었을 뿐인데 의사가 죽었다고 잘못 알지는 않았는지 하는 절박한 의문이 끊이지 않는다.

그다음에는 '분노와 노여움의 시기'가 찾아온다. 죽음이 사실이며 이제는 돌이키지 못한다는 사실을 확인한 순간,

걷잡을 수 없는 노여움이 북받친다. 그리하여 병원에서는 의사에게 달려드는 가족들을 더러 볼 수 있다. 의사가 진짜 잘못을 했는지 안 했는지는 다른 문제다. 사람들은 자신에게 불행과 고통을 주었다고 여겨지는 누군가를 찾아 복수하고 싶어 한다. 또한 분노는 죽은 이를 향하기도 한다. "이렇게 어린 나를 두고 어쩌면 그렇게 자기 건강에 무책임하셨어요!", "왜 괴롭다는 말을 나한테는 한 번도 하지 않았지?" 하고 말이다.

울화는 용암처럼 솟구친다. 심지어 전혀 엉뚱한 상대에게까지 분노를 터뜨려, 옆에서 위로하는 사람에게 심한 욕설을 늘어놓는 경우도 있다. 무엇에게라도 이 고통과 분노를 일으킨 데 대한 책임을 지우고 벌을 주어야 할 것 같아서다.

이 과정이 지나면 '죄책감에 시달릴 차례'다. 죽은 이와 까칠한 사이였을수록 고통은 더 크게 마련이다. 싸우고 상처 주었던 순간순간이 가슴 시리게 떠오른다. 왜 그렇게 별것 아닌 일로 모질게 대했는지, 혹시 자신의 앙탈이 사랑하는 이가 죽음에 이르는 구실이 되지는 않았는지, 내가 자식 노릇을 제대로 하지 못해서 이런 결과가 오지는 않았는지 하는 후회는 그칠 줄 모른다.

그러나 언제까지 슬퍼할 수만은 없다. 마침내 죽음을 받아들이는 순간은 오게 마련이다. 베레나 카스트는 이때를

'탐색과 분리의 시기'라고 이름 붙인다. 이미 사랑하는 사람은 죽고 없다. 그러면 나는 이제 어찌해야 하는가? 사랑하는 그 사람이라면 어떻게 했을까?

80세 먹은 할아버지가 성탄절 무렵, 장난감 가게 부근에서 아내를 찾고 있다. 하지만 문득 아내는 죽고 없다는 사실이 떠오른다. 그때 갑자기 아내가 자기에게 마음속에서 말을 걸어 온다. "당신은 정말 바보 같구려. 이제 증손주들에게 줄 장난감은 당신 혼자 골라야 해요." 할아버지는 마음속으로 아내에게 따진다. 지난 55년간 당신이 장난감을 골랐는데 이제 와서 내가 그 일을 할 수는 없다고. 아내는 어처구니없다는 투로 대꾸한다. "아직 그것도 못 한다면 이번이야말로 선물 고르기를 배울 좋은 기회예요."

베레나 카스트의 『애도』에 나오는 구절이다. 이 이야기는 죽음을 받아들인 사례다. 물론 할아버지는 상상 속에서 할머니와 대화를 나누었다. 누군가를 잃고 나면 마음속에서 슬며시 되묻게 되지 않던가. '아버지가 살아 계셨다면 이때 어떻게 하실까?', '우리 아들은 이럴 때 내가 뭘 했으면 하고 바랄까?' 이렇게 사람은 마음속으로 스스로 묻고 답하면서 서서히 홀로서기를 익힌다. 죽은 이 없이 혼자 살아가는 법을 말이다.

이 단계를 거치고 나면 비로소 '새롭게 자신과 세계와 관계를 맺는 시기'에 이른다. 여기에 이르러서야 비로소 죽은 이 없이도 살아갈 수 있다는 생각을 하게 된다. 한마디로 슬픔에서 회복되었다는 뜻이다.

프로이트(Sigmund Freud, 1856 ~ 1939)는 이 같은 과정을 가리켜 '슬픔 노동'(trauerarbeit)이라 표현한다. 사랑하는 이의 죽음을 이겨 내는 데는, 노동하듯 많은 노력이 필요하다. 실제로 이런 아픔을 이겨 내려면 1년 정도 시간이 필요하단다.

심지어 슬픔이 너무 버거워 넘어서지 못하는 이들도 더러 있다. 이들은 이 다섯 단계 가운데 하나에서 멈춰 서 버린다. 죽은 아들의 방을 몇 해나 그대로 놓아둔다든지, 누구 때문에 죽었다는 식의 분노가 사그라지지 않는다든지, 언제까지나 무력감에 빠져 지낸다든지 하는 경우가 그렇다. 너무 심하게 다치면 불구가 되듯, 사랑하는 이를 잃은 아픔이 마음을 온전치 못하게 만들어 버린 것이다. 이런 사람들은 심지어 슬픔을 견디지 못해 극단적인 선택을 하기도 한다.

해리 포터의 비밀, 그림 속에서 살아가는 법

상실감이 너무 커서 도저히 벗어날 엄두가 나지 않는다면,

생각을 조금만 바꾸어 보자. 내가 사랑하는 자는 결코 죽지 않는다. 내 마음속에 영원히 살아 있을 테니까.

소설 『해리 포터』에서는 그림 속 인물들이 살아 움직인다. 호그와트의 교장 덤블도어는 때때로 교장실 벽 초상화 속 죽은 교장들을 불러 모은다. 그는 그들과 왁자하게 떠들며 토론을 벌이기도 한다. 모두 죽은 사람들임에도 말이다!

생각해 보면 이는 우리가 늘 하는 일이기도 하다. 어려운 상황에 빠질 때마다 '할머니, 저를 도와주세요'라며 돌아가신 분에게 간절하게 매달리지 않았던가. 그림이 아니고 내 머릿속에서 이루어진다는 점만 다를 뿐, 대화를 나눈다는 점에서는 똑같다.

사랑하는 이가 죽었을 때의 고통은 잠깐이다. 그 뒤로 그 사람은 영원히 나와 함께 살아간다. 내 추억 속에서 말이다. 더구나 나는 더 이상 사랑하는 사람과 싸우고 다툴 일이 없다. 어찌 보면 그의 죽음은 나에게 '관계의 수료식'과도 같다. 이제 그와의 관계는 완성되었다. 그뿐 아니라 사랑하는 이의 죽음을 또다시 겪을 일도 영영 없다. 내가 죽는다면 죽음은 비로소 나를 그의 곁으로 데려다줄 것이다. 그러니 더 이상 슬퍼할 까닭은 없다.

다섯 살 때 나는 아버지가 우는 모습을 처음 보았다. 할아버지 무덤 앞에서 아버지는 하염없이 흐느꼈다. 그 뒤로 나는 한 번도 아버지의 눈물을 본 적이 없다. 긴 세월이 흘러, 아버지는 할아버지 연세보다 스무 살이 훨씬 넘게 더 살다 가셨다.

하지만 할아버지 무덤가에 앉아 계신 아버지 표정에서 나는 어느 순간부터 더 이상 슬픔을 보았던 적이 없다. 아버지의 편안한 얼굴에서, 당신의 고단한 어깨를 할아버지에게 기대고 있음을 느끼곤 했다. 사랑하는 사람의 죽음은 이와 같다.

죽은 바니도 그렇다. 바니도 이제 다시 가족 곁으로 돌아와 있다. 때때로 가족들은 바니와의 즐거웠던 기억을 떠올리며 웃음꽃을 피우곤 한다. 이처럼 사랑이 살아 있는 한 누구도 죽지 않는다.

메멘토 모리, 죽음을 기억하라

'카르페 디엠'(Carpe diem)과 '메멘토 모리'(Memento mori)는 서양 사람들이 가슴에 새기는 격언이다. 이들 격언은 각각 '지금을 즐겨라', '죽음을 기억하라'라는 뜻을 담고 있다. 정반대처럼 보이지만 사실 의미하는 바는 같다. 생각해 보라. 사람이 영원히 죽지 않고 산다면, 모든 만남이 곧 지겨워질 것이다. 언제까지고 계속될 만남이니, 좋은 시절이 가면 지지고 볶을 일만 남는다.

　죽음은 사랑을 생생하게 만든다. 우리는 모두 언젠가 서로 헤어져야 한다. 부모건, 친구건 언젠가는 모두 죽고 헤어져야 한다. 하지만 그 때문에 사랑은 더욱 소중하다. 잃을 수 있는 것이기에 마주하는 지금 이 순간이 더 소중하고 절절하지 않은가. 진정 사랑하고 싶다면 죽음을 기억해야 한다.

　　"어리석은 사람은 이렇게 묻는다. '내 아이를 잃지 않기 위해서는 어떻게 해야 합니까?'라고. 하지만 그대는 이렇게 물어야 한다. '아이를 잃은 슬픔을 이겨 내기 위해서는 어떻게 해야 합니까?'라고."

　　철학자이자 로마 황제였던 마르쿠스 아우렐리우스의 말입니다. 세상에는 어쩔 수 없는 일들이 너무 많습니다. 죽음이나 자연재해 같은 것들은 인간의 노력으로는 막지 못하는 문제입니다. 최대한 늦추고 피해를 줄이는 방법만이 있을 뿐이죠. 나에게 닥친 어려움들을 내가 노력해서 바꿀 수 있는 것과 그렇지 못한 것으로 나누어 봅시다. 이런 일들에 대해 우리가 갖추어야 할 마음 자세는 무엇일까요?

열일곱 살의 인생론 개정증보판

2010년 1월 12일 1판 1쇄
2023년 4월 30일 1판 19쇄
2023년 11월 9일 2판 1쇄

지은이
안광복

편집
이진, 이창연, 홍보람

디자인
신종식

제작
박홍기

마케팅
이병규, 이민정, 최다은, 강효원

홍보
조민희

인쇄
천일문화사

제책
J&D바인텍

펴낸이
강맑실

펴낸곳
(주)사계절출판사

등록
제406-2003-034호

주소
(우)10881 경기도 파주시 회동길 252

전화
031)955-8588, 8558

전송
마케팅부 031)955-8595, 편집부 031)955-8596

홈페이지
www.sakyejul.net

전자우편
skj@sakyejul.com

블로그
blog.naver.com/skjmail

페이스북
facebook.com/sakyejul

트위터
twitter.com/sakyejul

ISBN 979-11-6981-169-9 43100